singular

JOSÉ ANTONIO MARTÍN PALLÍN

VISTO PARA SENTENCIA

Jueces e ideología en la Justicia española

siglo veintiuno
editores

 archipiélago
siglo veintiuno

españa
siglo xxi editores
www.sigloxxieditores.com
travesía bellver, 2, 28039, madrid

argentina
siglo xxi editores
www.sigloxxieditores.com.ar
guatemala 4824, c1425bup, buenos aires

méxico
siglo xxi editores
www.sigloxxieditores.com.mx
cerro del agua 248, coyoacán, 04310, ciudad de méxico

© 2026, Siglo XXI de España Editores, S.A.
Travesía Bellver, 2 - 28039 Madrid
Tel (34) 676 22 28 70
editorial@sigloxxieditores.com
www.sigloxxieditores.com

Diseño de cubierta e interior: Sebastián Sánchez Yáñez

1ª edición: febrero de 2026
2ª edición: marzo de 2026

ISBN: 978-84-323-2176-4
Depósito legal: M-26179-2025

Impreso en España. *Printed in Spain.*

Índice

Introducción

«Visto para sentencia» es la solemne frase que el juez o el presidente del tribunal pronuncia al final de un juicio. Por sus connotaciones de ritual religioso, a mí siempre me recuerda a aquella con la que los sacerdotes católicos anuncian a los asistentes que la misa ha terminado y que pueden «ir en paz».

En las sedes de los juzgados y tribunales, una vez se abre la «audiencia pública», todos los ciudadanos que lo deseen están invitados a entrar en la sala y asistir así a una ceremonia más que parecida a una representación teatral. En los juicios se trata de escenificar un suceso pasado, imposible de revivir en directo y que solo se puede reconstruir a través de sus protagonistas: el acusado o acusados, los testigos, los informes periciales y los documentos que, actualmente, también incluyen imágenes y vídeos. Todo ello puede contribuir a situarnos lo más cerca posible de los hechos que se juzgan. A la frase sacramental que cierra el juicio le sigue un mandato conminativo por el que se ordena a los asistentes que despejen la sala.[1]

Todo este ritual transcurría (y todavía transcurre) en algunas salas suntuosamente recargadas (no en vano estaban integradas en los antiguos Palacios de Justicia) como reminiscencias de un pasado en el que la justicia era una emanación del poder del rey. Afortunadamente los tiempos han cambiado, pero la escenografía perdura y aún se conserva en algunos edificios de la época. Aunque hay que reconocer que su valor arquitectónico es relevante y por ello merece la pena visitarlos, sin duda, es mejor hacerlo en condición de turistas o curiosos.

Nuestras Salas de Justicia, con sillones, sitiales y mesas de caoba, estaban presididas por un crucifijo que muchos se resistieron a retirar, incluso en tiempos postconstitucionales, a pesar de que España es un Estado aconfesional. Todo este boato provoca un efecto intimidatorio en las personas que acuden a los juicios forzados por una acusación que puede derivar en condena o absolución. Pero no solo a ellas, también intimida a los que acuden, obligados por su condición de testigos, a prestar testimonio bajo juramento o promesa de decir la verdad y todo lo que sepan sobre el caso que se juzga.

Como fiscal he celebrado miles de juicios y he tenido la oportunidad de contemplar escenas variopintas,

---

1 Esta orden, en lugar de un sacerdote, la podría dar el jefe de un grupo antidisturbios para disolver una reunión, y por ello considero que sería más acorde con los principios y costumbres de una sociedad democrática sustituirla por una respetuosa petición al público para que, por favor, abandone la sala.

comportamientos anómalos e incluso pintorescos provocados por el boato del recinto. En ocasiones, el testigo conducido para subir a la plataforma bajo la mesa del tribunal, al contemplar las negras togas y el crucifijo, se persignaba e incluso hacía una leve genuflexión. El grado de amedrentamiento era tal que a veces derivaba en comportamientos tan extravagantes como divertidos. Lo que voy a relatar sucedió en la Audiencia Provincial de Barcelona: la sala la componían un presidente, famoso por su autoritarismo, intemperancia y mala educación, y dos magistrados que pertenecían a Justicia Democrática. En una ocasión acudió un testigo impecablemente vestido. Eran tiempos en los que los escasos usuarios de la bicicleta, para no manchar de grasa los bajos de los pantalones, se ponían unas presillas que los sujetaban. Distraído y seguramente preocupado subió al estrado de esta guisa. Al verlo, el presidente, de forma iracunda, le conminó: «¡Bájese los pantalones!». El hombre, sumiso, procedió a desabrocharse el cinturón para comenzar la operación que creía que le habían ordenado. Fue interrumpido, también abruptamente, y se le aclaró que se trataba de las presillas que sujetaban los bajos del pantalón. La escena, digna de una comedia, refleja certeramente el clima de intimidación que producía (y creo que produce todavía) la comparecencia ante una Sala de Justicia.

Por suerte, la decimonónica denominación de Palacios de Justicia está siendo sustituida por el más adecuado y constitucional nombre de Ciudades de la Justicia. El mobiliario actual es más funcional (aunque en la mayoría de los casos provenga de conocidas marcas de muebles a granel) e innovador, sobre todo en el ancestral «banquillo de los acusados». El nuevo diseño contribuye a que el clima de angustia y nerviosismo de acusados y testigos se atenúe dado que, no es lo mismo declarar de pie que sentado en una silla con una mesa delante y un vaso de agua. Además, se ha impuesto obligatoriamente la grabación íntegra del juicio, lo que proporciona a las partes afectadas la posibilidad de formalizar un recurso apoyándose en el contenido de lo registrado. Supone una muestra fehaciente de que se han salvaguardado los derechos y garantías del debido proceso, propio de una sociedad democrática, puesto que ha permitido que incluso juicios de trascendencia política y social, como la Gürtel o el proceso de los independentistas catalanes, se televisaran en su totalidad. Todo esto constituye, sin duda, un paso adelante, pero todavía faltan algunos más.

Terminado el juicio, la suerte está echada y llega el momento de la verdad (por supuesto, exclusivamente judicial). Los magistrados se retiran a deliberar para llegar a una conclusión, unánime o con discordancias, que se debe reflejar con claridad, precisión y motivación en el cuerpo de la sentencia. Como es lógico, la persona que ha sido juzgada o que ha demandado que se le otorgue la razón en un pleito civil, contencioso-administrativo o social, espera una resolución favorable a sus intereses o pretensiones. Paradójicamente, la decisión final se concreta en un apartado que se denomina «fallo», expresión que también significa error, equivocación o desacierto. Por lo general, tiene una segunda oportunidad por la vía de los recursos, aunque estos no siempre corrigen las decisiones de los órganos judiciales inferiores.

Sin embargo, no todas las actuaciones judiciales penales desembocan en un juicio público ni en un fallo del tribunal. En muchos casos las investigaciones judiciales encaminadas a constatar la existencia de un delito y la implicación de su presunto autor terminan con otras resoluciones, como los archivos o sobreseimientos, por estimar que no se ha acreditado la existencia del delito y, en otros casos, porque la conducta delictiva no puede ser imputada a una persona por falta de pruebas o porque el autor resulta desconocido. Entre los factores que tienden a simplificar la ceremonia de las vistas orales está adquiriendo especial relevancia, incluso mediática, la «institución de la conformidad», en virtud de la cual los acusados de un hecho delictivo, ante la imposibilidad de acreditar su inocencia, deciden contactar con el Ministerio Fiscal, en principio el titular oficial de la acción penal en la inmensa mayoría de los juicios. En nuestro sistema procesal penal, la Fiscalía comparte la acción pública con la acción particular reservada para los ofendidos o perjudicados por el delito y en algunos casos, cada vez más frecuentes, con una institución única en el panorama procesal europeo como la acción popular, a la que nuestro texto constitucional ha otorgado carta de naturaleza.

El Poder Judicial, además de un poder político que se integra en el tríptico de la división de poderes, consustancial a todo sistema democrático, es un servicio público que no solo debe facilitar el acceso de los ciudadanos a la justicia sino también proporcionarles una respuesta suficientemente motivada en un plazo razonable. El complicado engranaje al que se encomienda exclusivamente la delicada función de cumplir y hacer cumplir las leyes exige, en primer lugar, el sometimiento a sus principios legitimadores: la justicia emana del pueblo en el que se encarna la soberanía popular; las personas que desempeñan la función de juzgar y hacer ejecutar lo juzgado deben ser independientes e imparciales; la distribución de las sedes judiciales ha de hacerse de forma idónea para servir a las necesidades de los ciudadanos y tener una dotación de medios personales y materiales suficientes, para lo que es necesario y urgente aumentar de forma notable su dotación presupuestaria.

A lo largo de los sucesivos capítulos abordaré, entre otros aspectos, cuáles son los elementos componentes que llevan, en un momento determinado, a un juez o jueza o a un tribunal a dictar una resolución, en forma de sentencia o de auto, que pueda equivaler a una sentencia absolutoria. Para iniciar un procedimiento judicial, que siempre conlleva una carga o gravamen sobre los afectados, es necesario partir de unos indicios que se deriven de unos hechos conocidos tanto por medio de los atestados policiales como por iniciativa del Ministerio Fiscal y, en nuestro sistema, también por querella de la acción popular. Tanto en el caso de las sentencias como en los autos, las partes implicadas, una vez que se ha pronunciado la frase solemne de «visto para sentencia», esperan con ansiedad e impaciencia la resolución judicial para conocer si sus pretensiones enfrentadas (acusación y defensa) han sido estimadas o desestimadas. Agotados los recursos previstos en la ley, tanto en el ámbito nacional como en esferas internacionales, las decisiones son firmes y hay que cumplirlas.

Me parece oportuno comenzar, a modo de cuestión previa, con unas reflexiones sobre el origen de la legitimación de los jueces y tribunales y sobre cuál debe ser la posición institucional del Poder Judicial en una sociedad democrática basada en la división de poderes. Para

ello me apoyaré en el famoso tríptico de Montesquieu
que no se limita a diseñar un cuadro en el que aparecen reflejados los tres poderes (Legislativo, Ejecutivo y
Judicial) sino que define las esferas de actuación de cada
uno de ellos.

Parte I. El tercer poder

1. La soberanía popular, única fuente de legitimación del Poder Judicial

Un requisito necesario para que se pueda constatar y afirmar la existencia de una democracia y de un Estado de derecho, basado en el imperio de la ley y la división de poderes, es el de su legitimación por emanación de la soberanía nacional que reside en el pueblo del que proceden todos los poderes del Estado. El poder solo puede legitimarse por su emanación de la soberanía popular. De hecho, la Constitución española regula el Poder Judicial en el título VII y señala en su artículo 117 que la justicia emana del pueblo, pero añade una coletilla decimonónica al declarar que se administra en nombre del rey.[2] En los dos títulos anteriores, por su orden sitúa en primer

---

2 En Francia se dictan las sentencias «en nombre del pueblo francés».

lugar al Poder Legislativo y a continuación al Poder Ejecutivo. El Poder Judicial aparece como el tercer poder del Estado, integrado en un sistema político que se define como monarquía parlamentaria. En cierto modo reproduce los textos de los Estados nórdicos (Noruega, Suecia, Dinamarca) que se proclaman monarquías limitadas por la soberanía popular y el contenido de sus textos constitucionales, pero en ninguna de ellas se hace mención o referencia a la intermediación, aunque sea formal, del rey en la administración de justicia. Se trata de una reproducción, absolutamente intempestiva, de la Ley Orgánica del Estado de 1967, que proclamaba que la justicia se ejercía en nombre del jefe del Estado.

La conquista de la soberanía popular ha costado ríos de sangre a la humanidad. Ya en el famoso Código de Hammurabi se puede leer: «Yo soy Hammurabi, el pastor, el elegido del dios Enlil, el que amontona opulencia y prosperidad», puesto que el poder lo otorgaban los dioses. La concepción religiosa de la soberanía ve en el monarca una imagen de Dios: como este, rige el mundo, al mismo tiempo que gobierna el Estado. Recurrir a una realidad trascendente y su poder coactivo como fundamento del Estado fue una idea muy extendida en el antiguo Oriente y en la tradición judeocristiana. Centrándonos en esta última encontramos pasajes en la Biblia en los que se justifica el origen de la soberanía del poder político como derivado de Dios: «Por mí reinan los reyes y los príncipes decretan lo justo. Por mí mandan los jefes y los nobles juzgan la tierra» (*Proverbios*, 8, 15-16); «Porque el poder os fue dado por el Señor, y la soberanía por el Altísimo, que examinará vuestras obras y escudriñará vuestros pensamientos; porque siendo ministros de su reino no juzgasteis rectamente y no guardasteis la ley, ni según la voluntad de Dios caminasteis» (*Sabiduría*, 6, 3-4); «[El Señor] dio a cada nación un jefe» (*Eclesiástico*, 17, 14). Como puede comprobarse por la lectura de estos textos, Dios no otorgó un poder omnipotente y sin controles, sino que advierte que si los soberanos no juzgan rectamente ni cumplen con la voluntad de Dios pueden ser derrocados.

La humanidad ha vivido a lo largo de los tiempos guerras continuas, con escasos periodos de paz, siempre motivadas por razones religiosas o afanes imperialistas, pero en un momento de la historia, casi milagroso, cristalizaron en Francia las ideas filosóficas y humanistas. Cristalizó en el llamado periodo de la Ilustración, que alumbró la Revolución Francesa, base y origen de las actuales constituciones democráticas. Su implantación no fue pacífica, como evidencian autores como Bossuet (1627-1704) quien en *La política inspirada en las Sagradas Escrituras* sostenía que los reyes reciben su poder directamente de Dios y su misión es la ejecución de la voluntad divina. Cualquier otra forma de gobierno es imperfecta porque el gobierno se basa en la obediencia. La autoridad real es considerada sagrada, paternal, absoluta y sometida a la razón. Todo ello conduce a que, dice Bossuet, en caso de injusticia regia, «los súbditos no deben oponer a la violencia de los príncipes más que exhortaciones respetuosas, sin sedición y sin murmullos, solamente oraciones por su conversión». Los disidentes de entonces sabían cuál era su destino al oponerse a la omnipotencia de un ser supremo dueño y señor de las tierras, de los mares y de las vidas de sus habitantes: la muerte, la exclusión social e incluso la esclavitud. A pesar de ello se arriesgaron y sembraron el germen de la libertad.

La monarquía sustentada en el derecho divino fue todavía defendida en la Restauración y Contrarrevolución por los tradicionalistas franceses, entre ellos, Joseph de Maistre (1753-1821) y el vizconde de Bonald. Incluso en plena Revolución francesa se estableció un debate entre los ilustrados y algún reaccionario conservador, como de Maistre, que opuso al tríptico revolucionario «libertad, igualdad, fraternidad», el díptico «trono y altar». En su *Ensayo sobre el principio generativo de las constituciones políticas* (1810) incluye argumentos teológicos tradicionales como el pecado original y hace una crítica de la debilidad y limitación de la razón, poniendo en duda que, como instrumento, pueda regular y ordenar algo tan complejo como la sociedad. Es, por el contrario, la religión el origen de la estabilidad y el buen funcionamiento social.

Las sociedades, a pesar de estas amenazas y trabas, evolucionaron. Se conquistaron cotas de libertad, se desarrollaron avances científicos y tecnológicos que contribuyeron al progreso y las ciudades se organizaron en espacios y urbes que transformaron los esquemas de convivencia e incluso invirtieron los dogmas que se creían inmutables. Sin embargo, los cambios no han sido tan radicales como algunos sostienen. Las ideologías del pasado no dejan de estar presentes en ciertos sectores de las actuales sociedades. Los clásicos siguen alimentando nuestras reflexiones filosóficas y políticas, pero también sirven de fuente de inspiración a nuevos adalides políticos que, aprovechándose de la facilidad de tergiversar los principios y los mensajes, son capaces de vender, como una innovación del presente, las ideas reaccionarias que se resisten a desaparecer. Para algunos el tiempo no se ha parado y la soberanía sigue residiendo en la encarnación divina de los dictadores. No olvidemos que en las monedas de la época de Franco se podía leer el lema «Caudillo de España por la gracia de Dios» y que la Ley de Principios del Movimiento Nacional proclamaba que Francisco Franco Bahamonde, caudillo de España, solo era responsable ante Dios y ante la Historia. A pesar de todo, los demócratas seguimos pensando que la soberanía popular es la meta de llegada que se puede y se debe perfeccionar, pero a la que nunca podemos renunciar.

Es posible que todo lo anterior pueda parecer un exordio erudito (quizá innecesario), pero lo que quisiera resaltar es que, a pesar de la historia y de los avances políticos, esta concepción divina del poder ha reaparecido con preocupante potencia en los momentos presentes. Berlusconi se consideraba como «ungido por el Señor» y Donald Trump, presidente de la nación hasta el momento, primera potencia mundial, predica a sus seguidores que el atentado fallido que tan cerca estuvo de alcanzarle, rozando levemente su oreja, fue una señal divina que le predestinaba a ocupar el poder. Este mensaje está calando en grandes sectores impulsado por iglesias de muy diversas creencias y creando un clima propicio para el desmantelamiento de las democracias. De momento, solo un representante de Dios o de Cristo en la tierra ha percibido este peligro: el Papa Francisco, al abrir el VII Congreso de Líderes de las Religiones Mundiales y Tradicionales celebrado en Kazajistán los días 13 a 15 de septiembre de 2022, pidió «no permitir que lo sagrado sea instrumentalizado por lo que es profano. ¡Que lo sagrado no sea apoyo del poder y el poder no se apoye en la sacralidad!». De igual modo, el sermón de la obispo episcopaliana Marianne Budde, el 21 de enero de 2025 en la catedral de Washington frente a Donald Trump, alcanzó unas cotas de dignidad y valores humanos que no le sentó nada bien al «elegido por Dios» por haberle salvado la vida. Su llamamiento en defensa de los desprotegidos y emigrantes ha impactado incluso a los agnósticos, a los ateos y a toda persona de bien.

En conclusión, no pueden ser los reyes absolutistas ni los caudillos los que monopolicen la potestad del poder de juzgar y hacer ejecutar lo juzgado. En una democracia, como dice nuestra Constitución, la justicia emana del pueblo en el que reside la soberanía y ante la que los jueces deben rendir cuentas de su actuación cuando traspasan los límites marcados por la ley.

2. La aportación de Montesquieu al principio de la división de poderes

Charles Louis de Secondat, señor de la Brède y barón de Montesquieu (1689-1755), jurista, filósofo y político, sentó las bases de la división de poderes como fuente de legitimación del poder judicial. No se puede entender la magnitud de su pensamiento si no se conoce su obra más emblemática que debería servir de guía a todo el que pretenda ejercer el oficio de jurista: *El espíritu de las leyes*. Cada vez estoy más convencido de la necesidad de que los jueces tengan, como mínimo, un cierto conocimiento de la historia, de sociología, criminología y otras ciencias auxiliares. De hecho, los franceses, que siempre nos han servido de precedente en nuestra organización judicial, permiten el acceso a la Escuela de la Magistratura no solo a los licenciados en Derecho, sino también a los licenciados en

Ciencias Políticas, y barajan incluso la posibilidad de dar entrada a ciertas especialidades filosóficas.

Montesquieu ha pasado a la posteridad como uno de los pensadores que más ha influido en las escuelas históricas y en la vida política. Sería interesante conocer cuántas veces, desde el funcionamiento de nuestras Cámaras legislativas, ha sido citado, en un sentido o en otro, en intervenciones parlamentarias o en debates políticos. Ha pasado a la posteridad una frase atribuida a Alfonso Guerra (aunque él lo niega), pronunciada cuando se modificó la Ley Orgánica del Poder Judicial para atribuir al Parlamento el nombramiento de los vocales judiciales del Consejo del Poder Judicial; ante las críticas que surgieron, sentenció: «¡Montesquieu ha muerto!». Aunque la frase no sea una realidad, sus teorías sobre la división de poderes se han consolidado como uno de los presupuestos necesarios para fortalecer y equilibrar los sistemas democráticos.

Para construir sus teorías se inspiró fundamentalmente en Inglaterra y en su denominada Revolución Gloriosa (1688-1689). No en vano Inglaterra es la cuna del parlamentarismo y el constitucionalismo que todavía trata de perdurar en medio de una crisis de valores políticos y ciudadanos que está poniendo en jaque a la democracia. La Carta de Derechos o Declaración de Derechos (en inglés *Bill of Rights*) es un acta del año 1689 cuyo propósito principal era el de recuperar y fortalecer las facultades parlamentarias que habían desaparecido o mermado notoriamente durante el reinado absolutista de los Estuardo. En materia de justicia consideraba ilegal que el monarca impidiera la ejecución de las leyes o interfiriera en el nombramiento de jurados. Se vislumbraba, pero todavía no instauraba el principio de la división de poderes.

Estas conquistas al parecer causaron un gran impacto en Montesquieu y le sirvieron de base para elaborar sus imperecederas teorías políticas y jurídicas.

La declaración de Derechos constituye un embrión de las formulaciones constitucionales que consagran, con más nitidez, la división de poderes, aunque, como han señalado los analistas, las deficiencias eran evidentes. Por una parte, el Poder Judicial estaba sometido a la letra de la ley (más adelante Montesquieu diría que es la boca que pronuncia las palabras de la ley). El Poder Legislativo estaba dividido entre la Cámara de los Lores (hereditaria) y la Cámara de los Comunes (electiva). El Poder Ejecutivo correspondía al monarca que, además, tenía derecho de veto sobre las leyes elaboradas por el Legislativo. Indudablemente constituía un avance sobre las monarquías absolutas, pero todavía era insuficiente.

La división de poderes necesita un sistema de contrapesos. Las Constituciones deben regular las competencias de cada uno de los poderes y estos a su vez imponerse una autocontención, especialmente el Poder Judicial, dado que no está legitimado por la soberanía popular. Ya lo advertía Montesquieu cuando escribió: «Si el poder judicial pudiese juzgar libremente, ya en casos no determinados por la ley, ya interpretando la ley a su arbitrio, se convertiría por este medio indirecto en poder legislativo, y ya no serían las leyes, sino los hombres los que dispusiesen de la fortuna y libertad de los individuos». A la vista de lo que estamos contemplando en los tiempos en que vivimos, recomiendo a mis antiguos colegas que tengan en cuenta esta reflexión.

En definitiva, el debate puede concluirse con la cita de una declaración política que despeja cualquier duda.

Los revolucionarios franceses en su Declaración de los Derechos del Hombre y el Ciudadano de 1789 sentenciaron definitivamente las controversias: «Una sociedad en la que no esté establecida la garantía de los derechos, ni determinada la separación de los poderes, carece de Constitución» (art. 16).

3. La organización del Poder Judicial en España

Como decía Lope de Vega, después de esta introducción político-constitucional es el momento de pasar de las musas al teatro. Al margen de otros antecedentes históricos, el principal precedente de la actual estructuración y organización del Poder Judicial se encuentra en la Ley Provisional sobre Organización del Poder Judicial de 15 de septiembre de 1870, complementada con una Ley Adicional a la Orgánica del Poder Judicial de 1882. No se lo tomen a broma, pero a pesar de su provisionalidad ha estado vigente (por supuesto con modificaciones y adaptaciones a las sucesivas constituciones y regímenes políticos) hasta la nueva Ley Orgánica del Poder Judicial de 1985. El texto de la Ley Provisional proclamaba que la justicia se administra en nombre del rey, tributo a un pasado que ha sido superado por la proclamación de la soberanía popular como origen de todos los poderes del Estado y, sorprendentemente, se reproduce en nuestra Constitución. A pesar de ello, la Ley Orgánica que la sucedió también recuerda oportunamente que no podrán los jueces ni los tribunales mezclarse directa ni indirectamente en asuntos peculiares a la Administración del Estado, ni dictar reglas o disposiciones de carácter general acerca de la aplicación o interpretación de las leyes. Una referencia clara y explícita al principio de la división de poderes y a la determinación del ámbito de competencia de los jueces y tribunales que contrasta con la mención al rey en la Constitución.

En este sentido, algunas de las prohibiciones que se imponían a los jueces y magistrados parecen premonitorias por la relevancia que adquieren sobre algunos acontecimientos recientes. Señalo a continuación algunas de ellas para que el lector valore su actualidad y vigencia: no pueden dirigir a representantes del Poder Ejecutivo, a funcionarios públicos ni a corporaciones oficiales felicitaciones o censuras por sus actos. Tampoco mezclarse en reuniones, manifestaciones u otros actos de carácter político o concurrir con togas en actos públicos. En mi juventud, los presidentes de las Audiencias se integraban en los séquitos que acompañaban a los cortejos procesionales, vestían chaqué y llevaban bastón de mando, puesto que las togas no podían lucirse fuera de los Palacios de Justicia. Esta norma ha sido infringida por algunos miembros del cuerpo judicial que se manifestaron públicamente con togas para protestar por la tramitación de la Ley de Amnistía para los que se consideran delitos cometidos en Cataluña en relación con el intento de declaración de independencia. El reglamento de honores, tratamientos y protocolos de los actos judiciales de 2005 impone el exclusivo uso de togas e insignias del cargo en actos judiciales solemnes y actos jurisdiccionales y establece taxativamente que, fuera de estos casos, los jueces y magistrados no usarán la toga e insignias salvo para cumplimentar al rey.

Redactar una nueva Ley Orgánica del Poder Judicial era una exigencia ineludible dado que, como señala el artículo primero de nuestra Constitución, la soberanía nacional reside en el pueblo español y es la fuente de la que emanan todos los poderes del Estado, incluido el Poder Judicial (art. 117). Este reconocimiento recupera la conquista que la Constitución de la II República instauró por primera vez en la historia de nuestro constitucionalismo.

Por otro lado, la necesidad de caminar hacia un Estado federal ha adquirido una especial relevancia en el debate político y se mantiene cada vez con más fuerza y apoyos. Las comunidades autónomas gozan de unas posibilidades de autogobierno tan amplio que, dejando aparte la exclusividad de la política exterior, defensa y la Administración de Justicia, nos lleva a lo que Pasqual Maragall definió, con acierto, como «federalismo asimétrico». De hecho, las comunidades autónomas, regidas por sus estatutos de autonomía, cada vez asumen más competencias propias o delegadas. Precisamente por ello se encomienda al Tribunal Constitucional la misión de dirimir los conflictos de competencias entre las comunidades autónomas y el Gobierno central, así como de las comunidades autónomas entre sí. Servicios tan esenciales para que pueda existir un estado social y democrático de derecho como la sanidad y la enseñanza están prácticamente delegadas en las comunidades autónomas. Es una realidad constatable que los ciudadanos de unas comunidades tienen una mejor prestación de esos servicios que otros. Dado que la justicia es un servicio público, también se han delegado en las comunidades autónomas las competencias para estructurar y dotar de medios materiales a las sedes judiciales en las que jueces y juezas, magistrados y magistradas, ejercen la potestad jurisdiccional de la que están investidos. En 2004 solo ocho comunidades autónomas tenían transferidas las competencias de Justicia: Andalucía, Canarias, Cataluña, Comunidad Valenciana, Galicia, Madrid, Navarra y País Vasco. En 2010 se incorporan Aragón, Asturias y Cantabria; y en 2012 La Rioja. Como he indicado, asumen la dotación de medios materiales y la implantación de las nuevas tecnologías. En los Presupuestos de 2023 el gasto en Justicia se cifró en 2.304 millones de euros mientras que el de Defensa alcanzaba una cantidad de 29.190 millones de euros aunque me temo que los recientes acontecimientos que han desencadenado la guerra de Ucrania van a ensanchar la brecha entre ambas partidas presupuestarias.

En septiembre de 2002 se creó, en el seno del Consejo de Europa, la Comisión Europea para la Eficacia de la Justicia (CEPEJ), que recopila todo lo relacionado con los sistemas judiciales de los cuarenta y ocho países entonces integrantes (Rusia ha abandonado el Consejo de Europa a raíz de la guerra de Ucrania). Los datos más recientes nos muestran que en número de jueces por cada 100.000 habitantes estamos en la parte más baja de los países del Consejo de Europa, sin embargo, en la inversión por habitante ocupamos el puesto séptimo.

Este desajuste revela una patología que incide sobre la eficacia del sistema que es preciso abordar y corregir. Se acaba de aprobar la Ley Orgánica 1/2025, de 2 de enero, de medidas en materia de eficiencia del Servicio Público de Justicia. En su preámbulo se puede leer:

> Por otro lado, el sistema de Justicia de nuestro país, que da soporte al ejercicio de la potestad jurisdiccional, padece desde hace décadas de insuficiencias estructurales, algunas de las cuales, sin justificación, han dificultado que

ocupe plenamente el lugar que merece en una sociedad avanzada. Si, tal como se establece constitucionalmente, la justicia emana del pueblo, la ley ha de propiciar e impulsar la participación de la ciudadanía en el sistema de Justicia. Ya se hace en el ámbito penal con la institución del jurado, y es conveniente también abrir la justicia civil, social –e inmediatamente después la contencioso-administrativa– a los ciudadanos para que se sientan protagonistas de sus propios problemas y asuman de forma responsable la solución más adecuada de los mismos, especialmente en determinados casos en los que es imprescindible buscar soluciones pactadas que garanticen, en lo posible, la paz social y la convivencia.

4. Estructura piramidal del Poder Judicial

Nuestra Constitución configura el Poder Judicial como una estructura piramidal en la que el Tribunal Supremo es el órgano jurisdiccional superior en todos los órdenes, salvo lo dispuesto en materia de garantías constitucionales. Por debajo se encuentran los Tribunales Superiores de Justicia de las Comunidades Autónomas, las Audiencias Provinciales y los jueces y juezas de los distintos órdenes jurisdiccionales. La citada Ley Orgánica (1/2025, de 2 de enero), de medidas en materia de eficiencia del Servicio Público de Justicia justifica su promulgación en la necesidad de superar una organización judicial que, en gran medida, estaba anclada en un pasado decimonónico a pesar de su adaptación constitucional llevada a cabo por la vigente Ley Orgánica del Poder Judicial de 1985. En ella, la organización territorial se estructuraba, a efectos judiciales, en municipios, partidos, provincias y comunidades autónomas, lo que permitió definir los ámbitos de actuación para el ejercicio de la potestad jurisdiccional, como se señala en el apartado de Exposición de motivos. Así, salvo los órganos cuya potestad se extendía a todo el territorio nacional, la planta quedaba establecida en Juzgados de Paz, de Primera Instancia e Instrucción, de lo Contencioso-Administrativo, de lo Social, de Vigilancia Penitenciaria y de Menores, Audiencias Provinciales y Tribunales Superiores de Justicia.

Seguramente muchos ignoran que, en el siglo XIX, para estructurar la organización territorial de la Administración de Justicia, se encargó a un grupo de técnicos (fundamentalmente a ingenieros de caminos) el estudio sobre la idoneidad de determinados pueblos para acoger las sedes de los juzgados y adquirir la condición de cabezas de partido judicial en función del estado de las redes de comunicación en aquella época. El principio rector de un servicio público es el del acercamiento y disponibilidad de sus prestaciones a los ciudadanos por lo que, tanto en la época de la dictadura como ya en democracia, se han hecho varias remodelaciones de lo que se conoce como Planta Judicial que ha llevado a la concentración de numerosos partidos judiciales en las localidades con mayor núcleo de población y facilidad de comunicaciones.

En este sentido, el legislador de la Ley Orgánica (1/2025, de 2 de enero), de medidas en materia de eficiencia del Servicio Público de Justicia nos recuerda que:

> Actualmente, la mayor complejidad de las relaciones sociales y económicas y el importante incremento de la litigiosidad plantean nuevas exigencias en la organización

de la Administración de Justicia. Además, se ha producido un avance espectacular en el campo de las tecnologías de la información y comunicación, así como en las infraestructuras de transporte que permiten una mayor movilidad y la concentración de población y servicios en torno a núcleos urbanos, por lo que el modelo tradicional de juzgado unipersonal ha ido quedándose obsoleto.

En consecuencia, «la racionalización del modelo y la búsqueda de la eficiencia aconsejan que el primer nivel de organización judicial opere de forma colegiada». El tradicional juez de Primera Instancia e Instrucción es sustituido por un Tribunal de Instancia. Esta sustancial modificación viene a corregir un defecto más arraigado en el famoso juez de instrucción penal, heredado del sistema francés que, en otros órganos unipersonales, puesto que no afecta a la potestad de juzgar y dictar sentencias de los juzgados unipersonales de lo civil, mercantil, penal, contencioso-administrativo y social.

Según decía Napoleón, el juez de instrucción penal era la persona más poderosa de Francia (por supuesto, después de su potestad imperial). Recientemente, la gran procesalista francesa Mireille Delmas-Marty lo define como una especie de hombre orquesta, ya que él solo acumula las funciones de policía, fiscal y juez. Tiene la posibilidad simultánea de encarcelar, excarcelar, embargar bienes, exigir fianzas, autorizar intervención de teléfonos y entradas y registros en domicilios particulares, retirar pasaportes y obligar al investigado a comparecer periódicamente en el juzgado o lugar que designe, imponer multas y otras medidas cautelares que restringen derechos fundamentales. Para equilibrar y vigilar este extenso e intenso poder, los sistemas democráticos le recuerdan que puede incurrir en responsabilidad y que está sometido al imperio de la ley. La responsabilidad indemnizatoria recaía directamente sobre el titular del organismo judicial y subsidiariamente correspondía al Estado. Una modificación realizada por el Partido Popular invirtió el orden de los factores haciendo recaer la responsabilidad primero en el Estado, sin perjuicio de que este la pudiese derivar y repercutir exigiendo responsabilidad al juez. En Francia se ha corregido este exceso de poder individual encomendando determinadas decisiones en materia de derechos fundamentales a un tribunal colegiado.

5. ¿Cómo seleccionar a las personas a las que se va a encomendar la trascendental misión de juzgar y hacer ejecutar lo juzgado?

Tradicionalmente para acceder a la judicatura se exigía ser español, varón, seglar y licenciado en Derecho. En la actualidad se puede acceder a la carrera judicial por el turno de libre oposición si se reúnen los siguientes requisitos: ser español, mayor de edad, licenciado en Derecho y no estar incurso en ninguna causa de incapacidad. La referencia a la mayoría de edad me parece un tanto extravagante pues es prácticamente imposible que se alcance la licenciatura a los dieciocho años. Por otra parte, sería una temeridad encomendar esta misión a personas sin la experiencia vital imprescindible para conocer la realidad social en la que van a desempeñar sus funciones. La mayoría de edad, en el ámbito de la función judicial, solo se adquiere por la experiencia.

No pueden acceder aquellas personas que no disfruten de la capacidad física o psíquica necesaria para ejercer la función judicial, así como los condenados por delito doloso mientras no hayan obtenido la rehabilitación, ni los procesados o inculpados por delito doloso en tanto que no sean absueltos o se dicte auto de sobreseimiento y tampoco los que no estén en el pleno ejercicio de sus derechos civiles. Asimismo, la capacidad psíquica es un requisito indispensable para ejercer la función de juzgar y, de hecho, en algunos países hay que superar una prueba psicológica para acceder a la judicatura.

La cuestión de la capacidad física ha evolucionado gracias a la instauración del principio de no discriminación por razón de discapacidad. El precedente que rompió la exclusión fue el ingreso, en 1972, en la carrera fiscal de Eduardo Fungairiño, parapléjico desde que sufrió un accidente de automóvil cuando era estudiante de derecho. Se le negó la posibilidad de ser juez porque se estimaba que no podía desplazarse a los levantamientos de cadáveres, pero se decidió que podía desempeñar sus funciones como fiscal. Más tarde, a partir de la firma y ratificación por España de la Convención sobre los derechos de las personas con discapacidad de 13 de diciembre de 2006, la cuestión ha dado un giro radical al abrir la posibilidad de ingresar en la Escuela Judicial a personas que, en otros tiempos, no se habrían considerado aptas. Desde entonces la discapacidad se examina, caso por caso, por el Consejo General del Poder Judicial (CGPJ) y, de hecho, en la actualidad contamos con el caso de un juez ciego y de otro con sordera total. Es previsible que los avances tecnológicos permitan ampliar aún más las posibilidades de inclusión en las carreras judicial y fiscal.

A pesar de estos avances, la ley sigue incurriendo en notorias deficiencias y contradicciones al establecer los requisitos para acceder a oposición libre en la Escuela Judicial. Se exige «ser español», por lo que, al prescindir del lenguaje inclusivo, en parte excluye a las españolas. Esto se podría haber evitado perfectamente sustituyendo esa fórmula por otra más inclusiva como «la nacionalidad española». Además, no hace ninguna referencia a la necesidad de ser seglar (es decir, persona no eclesiástica). En principio, no se podría impedir el acceso a la judicatura a aquellas personas que han abrazado el sacerdocio o ingresado en una congregación religiosa, salvo que esto impida la dedicación plena a las funciones jurisdiccionales, lo que nos llevaría a una causa de incompatibilidad. Esta podría derivarse de alguno de los votos (obediencia, pobreza y castidad) que se asumen al hacer efectiva la vocación religiosa.

En primer lugar, la obediencia es incompatible con la independencia como requisito necesario para desempeñar la función jurisdiccional y así se contemplaba en el pasado, por lo que no entiendo que se haya suprimido en el presente. El voto de pobreza no sería ningún impedimento. Por último, el voto de castidad, que me parece respetable, puede no resultar lo más indicado para llegar a tener una concepción integral del sentido de la vida. Es mi opinión, pero en ningún caso sería un obstáculo para ejercer, con plenitud, la función judicial.

Esta reflexión me da pie para plantear una cuestión que comprendo que tiene muchas aristas, pero que no se puede eludir porque está presente en el debate sobre las corrientes ideológicas que existen en el seno de las carreras judicial y fiscal. Me refiero al impacto que puede tener la pertenencia al Opus Dei en el ejercicio de la función judicial. Según los datos que pueden obtenerse de las páginas oficiales, el Opus Dei es una prelatura personal de la Iglesia Católica. El nombre completo es Prelatura de la Santa Cruz y Opus Dei y sus integrantes pertenecen a una de estas categorías: sacerdotes de la prelatura, laicos o sacerdotes diocesanos de la sociedad sacerdotal de la Santa Cruz. La prelatura depende actualmente del Dicasterio para el Clero y los laicos pueden ser numerarios, agregados o supernumerarios. Los supernumerarios no tienen compromiso de celibato, viven y trabajan donde consideran oportuno, mientras que los numerarios son miembros con compromiso de celibato. Pueden ejercer una profesión civil, pero han de estar dispuestos a renunciar a su ejercicio si la Prelatura se lo solicita. Los miembros del Opus Dei se caracterizan por su discreción, según sus defensores, o por su secretismo, según sus detractores.

Considero que sus integrantes, en relación con algunas cuestiones como las que plantea el aborto, la eutanasia o el matrimonio homosexual, pueden tener serias dificultades para afrontarlas personalmente o debatirlas en un órgano colegiado, dado que la ley no contempla una causa de abstención por razones ideológicas o religiosas y, además, el principio de transparencia que debe presidir una sociedad democrática impone que los ciudadanos conozcan la ideología, religión o creencias de sus jueces. Ya sé que según la Constitución nadie está obligado a declarar sobre estos aspectos de su personalidad, pero estimo que es obligatorio manifestarlos cuando se desempeña una actividad pública de tanta trascendencia como la función jurisdiccional. Por desgracia, en algunos casos, tarde o temprano terminan aflorando. Esta cuestión enlaza con una incomprensible prohibición, exclusiva de nuestra Constitución, que niega a los jueces la posibilidad de afiliarse a partidos políticos o sindicatos, cuando en toda la Europa circundante es un derecho que pueden ejercitar si lo desean. La pertenencia a partidos políticos, sindicatos o asociaciones en absoluto puede comprometer la independencia, la imparcialidad y la ética que debe presidir la función judicial. Conozco a magníficos profesionales y buenos amigos pertenecientes al Opus Dei y por supuesto a jueces y fiscales que, en su momento, militaron en partidos políticos. Frente al secretismo, publicidad y transparencia.

Por otro lado, según la Ley Orgánica, el ingreso en la carrera judicial estará basado en los principios de mérito y capacidad para el ejercicio de la función jurisdiccional. El proceso de selección para el ingreso en la carrera judicial garantizará la objetividad y transparencia, así como la igualdad en el acceso a la misma de todos los ciudadanos que reúnan las condiciones y aptitudes necesarias para el ejercicio de esta. Sin embargo, ningún país de la Unión Europea, ni tampoco aquellos que se integran en el llamado sistema continental como contraposición al sistema anglosajón, tiene un sistema de selección de jueces como el que, pertinazmente, a pesar de las advertencias y críticas, se mantiene en el momento presente en nuestro país.

Decía el doctor Gregorio Marañón que «Las oposiciones son el más sangriento espectáculo nacional después de los toros». En mi carrera en el Ministerio Fiscal tuve que formar parte de tribunales de oposición. Siempre recordaré la lucha para sacar adelante a los que había tenido la posibilidad de introducir un mínimo de razonamiento en el escaso tiempo disponible. Después de participar en una oposición siendo ya magistrado del Tribunal Supremo me declaré «objetor de conciencia» y no volví a formar parte de tribunales de oposición. El actual sistema se parece a los tinglados de la antigua farsa. Tal como se retrata en el prólogo del primer acto de *Los intereses creados* de Jacinto Benavente, adaptándolo al todavía vigente sistema,

> nos encontramos ante una farsa guiñolesca, de asunto disparatado, sin realidad alguna. Pronto veréis cómo cuanto en ella sucede no pudo suceder nunca, que sus personajes no son ni semejan hombres y mujeres. Son las mismas grotescas máscaras de aquella comedia de arte italiana, no tan regocijadas como solían, porque han meditado mucho en tanto tiempo. Bien conoce el autor que tan primitivo espectáculo no es el más digno de un culto auditorio de estos tiempos.

Las personas que han alcanzado la licenciatura en Derecho tienen que pasar por un calvario, no sangriento como decía literariamente Marañón, pero sí con grave riesgo para su salud física y su equilibrio mental, que nada tiene que ver con la capacidad de raciocinio y motivación que me parecen imprescindibles para desempeñar la función judicial. Las normas que rigen las oposiciones ya advierten que su esfuerzo, en el momento de la verdad y siguiendo el símil taurino, se viene abajo si la suerte les es adversa. Al ocupar asiento ante el tribunal que va a decidir su futuro con una jarra de agua a su disposición para que pasen el mal trago o se hidraten entre tema y tema, disponen de quince minutos para examinar los temas que les han tocado en suerte y tomar notas para su exposición si no deciden retirarse ante la imposibilidad, por su mala suerte, de afrontar con éxito el cante oral de los temas que han salido al azar. A partir del comienzo de la exposición lo que se desarrolla a continuación siempre me ha parecido lo más semejante a un concurso televisivo o a la modalidad de atletismo de los cien metros vallas. El o la aspirante entra en un espacio como el que describe Jorge Luis Borges en *La lotería de Babilonia,* es decir, se mueve entre el merecimiento y la suerte. El merecimiento y el esfuerzo se les supone por haber sido capaces de superar la sacrificada y estéril preparación del ejercicio, casi gimnástico, de repetir como una letanía los temas que memorizaron cada día para «cantarlos» ante su «preparador físico-jurídico».

Como establece la orden de convocatoria, los opositores dispondrán de un máximo de 75 minutos para el desarrollo de los cinco temas, no debiendo conceder a ninguno de ellos más de 15 minutos. Algunos aspirantes suelen utilizar un cronómetro para simultanear el uso de la palabra con el control del tiempo puesto que si se exceden en el tiempo tasado tropezarán con alguna de las vallas y no llegarán a la meta. El sistema me recuerda a uno de los pasajes de la divertida obra de Muñoz Seca *La venganza de Don Mendo,* en el que Magdalena le pregunta a Don Mendo si las siete y media es un juego. La respuesta encaja con lo que está viviendo el opositor: «[…] Y un juego vil que no hay que jugarlo a ciegas, pues juegas cien veces, mil, y de las mil, ves febril que o te pasas o no llegas. Y él no llegar da dolor, pues indica que mal tasas y eres del otro deudor. Mas ¡ay de ti si te pasas! ¡Si te pasas es peor!».

La necesidad de una reforma se ha puesto de manifiesto desde sectores académicos y judiciales que han reflexionado serenamente y con argumentos racionales sobre la anomalía que supone el sistema en estos momentos vigente. Recientemente se ha hecho público el Anteproyecto de Ley Orgánica por la que se modifica la Ley Orgánica 6/1985, de 1 de julio, del Poder Judicial, y la Ley 50/1981, de 30 de diciembre, por la que se regula el Estatuto Orgánico del Ministerio Fiscal, para la ampliación y fortalecimiento de las carreras judicial y fiscal. Según su texto, la primera finalidad que persigue esta ley es potenciar la excelencia de las personas que accedan a las carreras judicial y fiscal, profundizando en el derecho fundamental a la igualdad en el acceso a estos cargos, en la adecuación de los procedimientos de acceso a la realidad social y académica y en la acomodación del número de jueces a las necesidades del país. Esta ley sostiene (y lo comparto) que es necesario actualizar los procesos selectivos para el acceso a la carrera judicial y fiscal, de modo que prevalezca el examen y valoración de las competencias adecuadas para «el ejercicio de la actividad jurisdiccional conforme al marco europeo de enseñanzas superiores vigente en la actualidad».

Acertadamente, se potencia la vía de acceso a la carrera judicial por la categoría de magistrado para juristas de reconocida competencia con más de diez años de ejercicio profesional, con el objetivo de incorporar a una función tan relevante como la judicial a quienes, en otros campos jurídicos, han demostrado estar en condiciones de ofrecer capacidad y competencia acreditadas. Con ello se conseguirá aportar perspectivas y sensibilidades diferentes que podrían enriquecer el ejercicio jurisdiccional. El éxito de esta vía de acceso aconseja abrirla asimismo a la carrera fiscal.

En cuanto al contenido del proceso de selección que se propone para los que optan por elegir el sistema de oposición libre y abierta (las convocatorias serán anuales y simultáneas a este), se mejora anteponiendo «una única prueba escrita eliminatoria consistente en la elaboración de un dictamen», de modo que solo entre quienes acrediten la solidez y rigor técnicos exigidos se realizará la baremación de méritos. El objetivo de esta prueba

> es detectar en el aspirante aquellas otras habilidades, más allá de las puramente memorísticas, que son imprescindibles para una correcta y completa interpretación de las normas jurídicas y para desarrollar de manera óptima la labor de resolución de conflictos. Resulta procedente citar destrezas como la lógica deductiva, la capacidad de argumentación, la interrelación de conceptos, la contextualización e integración de la norma jurídica en un supuesto concreto y la transversalidad en la aplicación del conocimiento teórico.

Asombrosamente, todas las asociaciones situadas a la derecha del espectro político rechazan la prueba porque supone (no es broma) un atentado a la independencia judicial. Su irracionalidad los ha llevado a constituir una Comisión que ha recorrido Europa denunciando este «grave atentado a la independencia judicial» sin mucho éxito.

Me parece pertinente completar la formación con una profunda educación en los principios de la ética judicial y en la necesidad de establecer unas normas de conducta de los miembros del poder judicial. Esta exigencia se ha puesto de relieve en numerosos instrumentos internacionales, entre los que cabe destacar la Convención de las Naciones Unidas contra la corrupción y los Principios de Bangalore sobre la conducta judicial. También convendría recibir lecciones de comportamiento educado y respetuoso con los profesionales jurídicos y con los ciudadanos que acuden a los juzgados y tribunales. La Ley Orgánica vigente considera como falta grave el exceso o abuso de autoridad y la falta de consideración respecto de los ciudadanos, fiscales, abogados y procuradores y, gracias a las grabaciones, se está pudiendo comprobar que, en algunos casos, los comportamientos judiciales no merecen el calificativo de ejemplares.

En la nueva ley sí se mantienen los ejercicios orales en los que se valorarán las competencias relacionales que demuestren que el aspirante expone los temas con coherencia, claridad, orden y fluidez y es capaz de dedicar el tiempo necesario a cada institución, además de emplear con propiedad y corrección jurídica términos y expresiones. Esta prueba se registrará en soporte audiovisual y en ningún caso podrá consistir en una mera exposición memorística.

Hay un aspecto de la reforma que ha llamado la atención de muchos comentaristas. Se trata de la concesión de ayudas económicas, en forma de becas, para la preparación de oposiciones para el ingreso en las Carreras Judicial y Fiscal, Abogacía del Estado y en el Cuerpo de Letrados de la Administración de Justicia. El número de aspirantes, que, según los datos, asciende a unos 4.000, puede plantear problemas a la hora de conceder las becas. Ya veremos qué criterios se siguen para su concesión y qué límites económicos alcanza la ayuda, cuya duración no puede superar los cuatro años. Existe el peligro de que algunas personas se acojan a sus beneficios sin acreditar dedicación y esfuerzo, cualidades difícilmente controlables durante los cuatro años que puede durar la beca.

6. La Escuela Judicial

La Ley de 26 de mayo de 1944 creó la Escuela Judicial bajo la dependencia del Ministerio de Justicia e incorporada a la universidad. Su objetivo era la selección y formación de los licenciados en Derecho que fueran a ejercer como jueces y fiscales. Sin duda, fue un avance positivo dentro del contexto de la dictadura, pero por otro lado considero que acentuó el corporativismo y el sentido de la pertenencia a una determinada promoción. Al terminar el periodo de estancia asistían a la ceremonia (últimamente presidida por el rey) que se considera equivalente a una entrega de despachos, término estrictamente castrense, propio de las academias militares. Aún hoy en día se sigue empleando esta denominación impropia de un estado democrático de derecho. Estos malos hábitos quizá sean los que contribuyan a despertar comportamientos autoritarios, incompatibles con la función judicial.

La Escuela no abrió sus puertas hasta el 6 de junio de 1950, año del que data la primera promoción de jueces. Su sede se fijó en el Paseo de la Castellana 66, esquina con la calle de María de Molina, en un precioso palacete de estilo francés, rodeado de un amplio jardín con magníficos abetos que se declararon protegidos. La especulación urbanística la demolió para construir un horrible mamotreto arquitectónico. En 1969 la Escuela encontró su nueva ubicación en el edificio de la Ciudad Universitaria que hoy ocupa el Centro de Estudios Jurídicos.

En 1997 traslada su sede a la cima del Tibidabo en Barcelona, bajo el control del Consejo General del Poder Judicial e incorporada a la universidad. En mayo de 1996, el presidente de la Generalitat de Cataluña, Jordi Pujol, y el entonces presidente del Consejo, Javier Delgado Barrio, pusieron simbólicamente la primera piedra de la Escuela Judicial en Barcelona en lo que hasta entonces había sido un centro de menores. No creo que a nadie le ofrezca dudas que esta decisión obedeció al políticamente conocido como Pacto del Majestic que cristalizó en el apoyo de Convergencia y Unió a José María Aznar, ganador de las elecciones de 1996, para ser investido presidente. El acuerdo incluía una serie de ampliaciones de competencias y alguna concesión simbólica como la de trasladar un organismo centralizado en el Consejo del Poder Judicial, con sede en Madrid, a la ciudad de Barcelona. El traslado suscitó airadas reacciones en los sectores más integristas del Poder Judicial, encabezadas por algunos magistrados del Tribunal Supremo que consideraban que podría significar una pérdida del control de la Escuela Judicial y, al mismo tiempo, una concesión a los sectores catalanistas. No han faltado iniciativas, amparadas por las asociaciones judiciales más a la derecha, para reintegrarla a Madrid. No hace falta ser adivino para sostener que, si el Partido Popular alcanza los votos necesarios, sin necesitar el apoyo de los partidos catalanes para ser investido, no se tardará mucho tiempo en tomar la decisión de reintegrarla a la capital de España. La cuestión catalana, agudizada por el *procés,* no tiene, de momento, una forma de encontrar soluciones que no susciten el rechazo de un sector importante del nacionalismo español.

Según el artículo 307.1 de la Ley de Reforma de acceso a la carrera judicial se configura la Escuela Judicial como centro de selección y formación de jueces y juezas, magistrados y magistradas dependiente del Consejo General del Poder Judicial; tendrá como objetivo proporcionar una preparación integral, especializada y de alta calidad a los miembros de la carrera judicial, así como a los aspirantes a ingresar en ella. La fase práctica de formación y selección para los aspirantes que hayan superado la oposición libre incluirá necesariamente: un programa práctico de formación multidisciplinar, un periodo de prácticas tuteladas en diferentes órganos de todos los órdenes jurisdiccionales (en los que se incluirán los órganos de segunda instancia) y un periodo en el que los jueces en prácticas desempeñarán funciones de sustitución y refuerzo. Solo la superación de cada uno de ellos posibilitará el acceso al siguiente, aunque no queda claro qué organismos deben evaluar el comportamiento y conocimiento del aspirante durante su estancia en prácticas. El tribunal, en el caso de los que accedan por el turno de juristas de reconocida competencia, levantará acta suficientemente expresiva del contenido y del resultado de la entrevista, en la que se expresarán los criterios aplicados para la calificación definitiva del candidato.

Pese a que considero muy positivo que se evalúen las publicaciones científico-jurídicas, las resoluciones dictadas por los jueces sustitutos, actividades profesionales, ponencias y comunicaciones en congresos y cursos, parece que para seleccionar a los futuros jueces o juezas el sistema considera que no es necesario ningún conocimiento o experiencia práctica excepto la que se adquiere durante la estancia de dos años en el Centro. La Escuela

Judicial, por mucho que se empeñen, no deja de ser un laboratorio aislado de la vida real que transcurre a diario en las sedes de los juzgados y tribunales. Redundar en la formación teórico-jurídica me parece absolutamente innecesario. La Escuela debería ser un centro de formación que se centrase en el estudio de ciencias complementarias como la sociología o la política criminal, así como ciencias auxiliares, cultura general y otras actividades, incluidas las artísticas y musicales. Se podría recomendar la lectura de textos y pedir un resumen de su contenido, sin olvidar que resultaría muy positivo un continuo debate que pueda servir de base para las futuras deliberaciones que tendrán que celebrar en los tribunales para la toma de decisiones. En Francia, aquellos que finalizan sus estudios en la Escuela de la Magistratura completan su formación en órganos colegiados y nunca pueden ejercer individualmente su potestad jurisdiccional mientras que, en nuestro país, al finalizar la estancia en la Escuela Judicial las personas que han obtenido el título para desempeñar la función jurisdiccional tan solo deben prestar juramento o promesa, que renovarán cuando tomen posesión en los sucesivos cargos.

El texto constitucional, como veíamos, sigue señalando que la justicia se administra «en nombre del rey», por jueces y magistrados integrantes del Poder Judicial, independientes, inamovibles, responsables y sometidos únicamente al imperio de la ley. Esta incongruencia se refuerza con la fórmula del juramento o promesa de toma de posesión de los cargos judiciales recogida en el Real Decreto de 5 de abril de 1979 que, a mí, de algún modo, me recuerda el juramento de Santa Gadea. No sé a quién se le ocurrió la fórmula oficial, pero lo cierto es que no ha sido incorporada a la Constitución. De hecho, durante cierto tiempo en el Tribunal Supremo, en la mesa que presidía la Sala de Gobierno, solo había un texto de los Evangelios hasta que conseguimos que se incluyese un ejemplar de la Constitución. La fórmula es la siguiente y la someto a la consideración del lector: «¿Juráis o prometéis por vuestra conciencia y honor cumplir fielmente las obligaciones del cargo con lealtad al rey y guardar y hacer guardar la Constitución como norma fundamental del Estado?».

Es público y notorio que soy republicano por lo que me podría plantear (aunque no es algo que me atormente) si realmente soy un perjuro dado que, desde luego, no tengo ninguna lealtad al rey sino tan solo a la Constitución y a los derechos fundamentales. Ni siquiera en la época de la dictadura se nos exigía lealtad al Caudillo sino únicamente a los Principios Fundamentales del Movimiento Nacional.

Parte II. ¿Quién juzga?

1. La función de los jueces en nuestra sociedad

En una sociedad democrática el juez ejerce un poder del Estado de gran impacto sobre los intereses de los ciudadanos, tanto en sus relaciones particulares como en su condición de usuarios que acuden a las oficinas judiciales. Su libertad, sus formas de vida familiar, su propiedad, su capacidad de hacer negocios o de disponer de los bienes que reciben por herencia están en manos de los jueces que tienen que aplicar las leyes, puesto que estas no pueden abarcar toda la infinita variedad de conflictos que no llegan a solucionarse mediante un acuerdo amistoso de todos los implicados. Por eso, los jueces tienen el deber y la responsabilidad de ajustar la ley al caso concreto, buscando la solución más ajustada al pleito que tienen en sus manos. En definitiva, como decían los romanos tomando el proverbio de uno de los siete sabios de Grecia, debe «dar a cada uno lo suyo», misión, en algunos casos, más divina que humana.

En nuestro sistema constitucional el artículo 53.2 dispone que cualquier ciudadano podrá recabar la tutela de las libertades y derechos fundamentales ante los tribunales ordinarios por un procedimiento basado en los principios de preferencia y sumariedad. Aunque lo deseable sería que la vida transcurriera sin necesidad de acudir a la justicia para solventar los conflictos, algunas veces por la naturaleza del litigio y otras veces por la pasión humana estos desembocan en las sedes judiciales. En la actualidad, lamentablemente la confrontación política ha pasado a ocupar el primer plano de la actividad judicial.

El papel de los jueces como controladores del poder se refleja en la emblemática leyenda que protagonizan el rey de Prusia, Federico II el Grande, y el propietario de un molino que afeaba la magnificencia de los jardines del Palacio de Sanssouci en Potsdam. El monarca mandó derribarlo y el molinero llevó su caso ante la justicia. El Káiser, al enterarse, tuvo interés en conocerlo personalmente y le preguntó cómo osaba contradecirle. La respuesta que recibió ha pasado a la posteridad como el paradigma del valor de la justicia cuando la ejerce un poder del Estado independiente: «Señor, todavía quedan jueces en Berlín». No estoy seguro de que la fe en la justicia del molinero pudiera impresionar a la omnipotencia del Káiser pero, si queremos poner un final feliz a la historia, pensemos que las ruinas del molino todavía resisten el paso del tiempo como un monumento al absolutismo regio abolido por los revolucionarios franceses.

En estos momentos, los pilares de la democracia en los Estados Unidos están siendo minados por las políticas autoritarias de Donald Trump que se están saltando, una a una, las enmiendas constitucionales, fuente de los derechos civiles que parecían consolidados. Solo los jueces (aunque no todos) están poniendo los diques para contener esta oleada de flagrantes violaciones de los derechos y libertades fundamentales que, en tiempos pasados, parecían intangibles. Muchos confiamos en que la tradición democrática arraigada en gran parte de la sociedad estadounidense pueda corregir el rumbo antes de que la dictadura de las grandes fortunas consiga que la situación sea irreversiblemente autocrática.

Constitucionalmente, los jueces ejercen un poder del Estado. El juez tiene una doble naturaleza: es un poder del Estado y es también un servidor de la Administración de Justicia que debe prestar un servicio público a los ciudadanos. Un funcionario debe ser, ante todo, eficaz, mientras que un juez puede ser eficaz y expeditivo, pero tremendamente injusto. Es decir, a lo mejor su propia eficacia o un exceso de prisas le ha llevado a ejercitar su poder perjudicando los derechos del justiciable, que, en este caso, no tiene la misma condición que el que acude a una oficina pública. Los males de la justicia son muchos, pero no creo que se deban en su totalidad a la falta de organización de la oficina judicial. El profesor Alejandro Nieto, en su conocida obra *El desgobierno judicial* resume la catástrofe de la justicia con calificativos como «tardía, atascada, cara, desigual, imprevisible, mal trabada, desgarrada e ineficaz». Si aplicásemos estos demoledores calificativos al resto de la Administración, podemos afirmar que los ciudadanos no soportarían resignados, sino más bien indignados e incluso sublevados, que un servicio público como el transporte fuese tardío, atascado, caro, desigual, imprevisible e ineficaz. Ante este panorama, creo –y así lo he escrito recientemente– que nos encontramos ante un modelo agotado.

El común de las gentes no tiene por qué saber cuáles son las notas que caracterizan a un servicio público de cualquier otra prestación del Estado. Tampoco distingue entre actos de autoridad y actos de gestión pública de servicios, todos ellos regidos por el Derecho administrativo. Por ejemplo, dentro de la actividad administrativa, existen políticas como las de fomento y servicio público que no implican ningún ejercicio coactivo de un poder que les constriña a realizar una determinada prestación o conducta.

Sin embargo, las relaciones de los administrados con los órganos de la Administración de Justicia, o más propiamente, en lenguaje constitucional, con el Poder Judicial, en la mayoría de los casos no son voluntarias, sino que existe una cierta presión o constricción, basada en la autoridad de la que están investidos los jueces, para que el ciudadano comparezca en las sedes judiciales. En materia civil, el demandante elige solicitar voluntariamente la intervención del órgano judicial, pero no puede pretender que el servicio que se le presta pase necesariamente por darle la razón. Espera resignadamente que se tramite el procedimiento y sea resuelto con arreglo a la ley y la justicia. Por supuesto, el demandado comparece muy a su pesar y forzado por las obligaciones procesales que le marca la ley dado que, si no lo hace, se expone a consecuencias perjudiciales para sus intereses, como la pérdida del pleito con sanciones pecuniarias añadidas. En otras materias, como las relativas al derecho de familia, las tensiones personales dificultan la tarea del juez, que debe buscar un equilibrio entre todos los intereses en conflicto.

Dar la razón a alguna de las partes no supone prestarles ningún servicio público, sino ejercitar la función o potestad jurisdiccional de juzgar y hacer ejecutar lo juzgado. La diferencia entre la tarea de un juez y la de un funcionario se ve más clara si analizamos el contenido del artículo 106.2 de la Constitución. En él se regula la responsabilidad patrimonial de las Administraciones públicas, consagrando el derecho de los particulares a ser indemnizados por las lesiones que sufran a consecuencia del funcionamiento anormal e incluso normal de los servicios públicos. Por otra parte, la responsabilidad del Poder Judicial se determina en el artículo 121 de la Constitución, en el que se establece una indemnización a cargo del Estado por los daños causados por error judicial o a consecuencia del funcionamiento anormal de la Administración de Justicia. Estas últimas reclamaciones se tramitan por los cauces de un llamado «recurso de revisión» muy complicado y de largo recorrido y, en ningún caso, habrá lugar a la indemnización cuando concurre dolo o culpa del reclamante. Por el contrario, cuando se reclama la responsabilidad de las Administraciones públicas que configuran el Poder Ejecutivo es posible la compensación de la culpa del ciudadano con la que ha podido concurrir en el órgano administrativo. En consecuencia, estimo que no se puede sostener que los jueces y tribunales seamos un servicio público semejante al que desempeña la Administración del Estado en todos sus estamentos. No obstante, algunos no dudan en sostener que la justicia es un servicio público, al mismo tiempo que reconocen que los jueces y tribunales ejercen un poder del Estado. Otros autores hacen juegos malabares con las palabras y definen la justicia como un poder al servicio de los ciudadanos.

En realidad, diferencias aparte, lo que necesita el funcionamiento de la justicia es una mayor dosis de democratización y una organización más eficiente. La Carta de Derechos de los Ciudadanos ante la Justicia es la prueba más palmaria de la especificidad de la organización de los órganos de la Administración de Justicia que ejercen el Poder Judicial. Surge en el seno del Pacto de Estado para la Reforma de la Justicia, firmado el 28 de mayo de 2001, y sus líneas fundamentales pasan por recabar la necesidad de que la justicia sea transparente. Ahora bien, esta transparencia no es ilimitada, ya que el derecho a conocer detalles confidenciales de un proceso necesita la previa acreditación de un interés legítimo, de acuerdo con lo dispuesto en las leyes procesales. No se puede acceder a los datos reservados. En todo caso, la denegación del acceso será siempre motivada.

La Carta de Derechos exige una justicia atenta con el ciudadano, el cual tiene derecho a ser tratado de forma respetuosa. Para evitar el tradicional «¡vuelva usted mañana!» se recomienda concentrar en un solo día las distintas actuaciones que exijan su comparecencia. Tiene derecho a ser atendido por el juez o el secretario, incluso en horario de mañana y tarde. Para no incidir exclusivamente en las normas de comportamiento de los jueces, también recuerda a los abogados y procuradores la necesidad de observar una conducta deontológicamente correcta y dar a conocer anticipadamente el costo aproximado de la intervención del profesional elegido y la forma de pago. Por supuesto, el profesional de la abogacía o procuraduría debe rendir cuentas. Finalmente, en un pequeño apartado recuerda el derecho constitucional a la justicia gratuita.

Siempre que se abordan las cuestiones relacionadas con el funcionamiento del Poder Judicial se observa un enfoque centrado en los mecanismos de funcionamiento de las estructuras judiciales sin tener en cuenta que, en un sistema jurídico como el nuestro, es relevante el papel de los abogados, ya que tienen en sus manos el conflicto en vivo antes de entrar en las sedes judiciales. Muchas veces, la actuación de los letrados evita una innecesaria confrontación judicial que difícilmente soluciona las pretensiones de la persona que acude a su despacho para recabar su consejo. En ese momento, es crucial el consejo y la solución que se ofrece al posible litigante. Este dilema ha estado presente desde los tiempos más remotos y ha sido plasmado en versos de gran plasticidad por los escritores clásicos de siglos pasados.

La trascendencia del consejo del técnico en Derecho se escenifica de forma magistral en los versos de un escritor, de principios del siglo XVI, que algunos atribuyen a Francisco de Quevedo y Villegas, pero que en realidad pertenecen a Francisco López de Villalobos, nacido en Zamora, judío converso que llegó a ser médico de la Casa Ducal de Alba y del rey Fernando II de Aragón. Como persona del Renacimiento, su condición de médico no le impidió hacer incursiones en otras ramas del saber. Escribió una serie de reflexiones en verso sobre problemas naturales y morales que conviene recordar por su patente actualidad:

> ¿Por qué razón un letrado
> no da aviso al que pleitea
> si es justo lo que desea

o si es falso o reprobado?
¿Por qué se quiere perder
a sabiendas por codicia
pues que roba en sostener
al que no tiene justicia?

En este sentido, la Carta de Derechos resalta la necesidad de prestar una especial atención y cuidado en la relación de la Administración de Justicia con los ciudadanos que se encuentran más desprotegidos. En el grupo incluye a las víctimas, sobre todo en los supuestos de violencia doméstica o de género, los menores de edad, las personas con discapacidades físicas o psíquicas y los extranjeros inmigrantes. Han transcurrido muchos años desde su promulgación. Algunos pensamos que no ha pasado de ser un catálogo de buenas intenciones, como los pósteres que se colocan en dependencias abiertas al público, especialmente en los hospitales, advirtiendo de los compromisos de las instituciones. Creo que se llegó a su redacción como una concesión a los que ponen el énfasis en que la justicia es, ante todo y sobre todo, un servicio público. Tesis que, como ya he expuesto, no comparto.

En resumen, no creo que los jueces deban ser los protagonistas de la vida política y social. Su función es otra, como veremos a continuación.

2. Independencia, imparcialidad y responsabilidad de los jueces

La palabra independencia es muy hermosa cuando se aplica al esfuerzo moral de un juez que se resiste a la autoridad y a los empeños poderosos; pero es necesario no dejarse engañar con esta palabra; porque si se abusa de ella para sacar por consecuencia que un juez debe ser independiente hasta el punto de no tener que dar cuenta de su conducta, de mirar con indiferencia la opinión pública, de considerar su empleo como una propiedad que no puede perder sino por causa de prevaricaciones justificadas, en breve veremos los resultados deplorables en la negligencia de sus obligaciones o en su altanería y el despotismo de sus modales.

Tratados sobre la organización judicial
y la codificación. **Jeremías Bentham, 1843.**

La independencia está garantizada por el solo hecho de ostentar la condición de juez y la facultad de juzgar y hacer ejecutar lo juzgado. Cuando el titular de un órgano judicial recibe un asunto que le ha correspondido por las reglas que delimitan el ámbito de su competencia (territorial o por la materia, por ejemplo, terrorismo) y por el turno de reparto, nada ni nadie puede interferir en el desempeño de sus funciones, salvo por la vía de los recursos previstos por la ley. Mantener la independencia, sobre todo en los asuntos de fuerte impacto político o económico, es una cuestión que depende de las cualidades personales del juzgador. El valor para mantener el equilibrio ante las críticas o incluso las presiones políticas es fundamental para que se refuerce la confianza de la sociedad en la justicia. Nuestro sistema procesal encomienda al Ministerio Fiscal la misión de defender la independencia judicial, misión imposible salvo que los ataques sean constitutivos de delito. También se dispone de una vía, más simbólica que efectiva, a través de la Ley Orgánica del Poder Judicial, cuyo artículo 14 contempla la posibilidad de que los jueces y magistrados que se consideren inquietados o perturbados en su independencia lo pongan en conocimiento del Consejo General del Poder Judicial, dando cuenta de los hechos al juez o tribunal competente para seguir el procedimiento adecuado, sin perjuicio de practicar por sí mismos las diligencias estrictamente indispensables para asegurar la acción de la justicia y restaurar el orden jurídico. Su efectividad es prácticamente irrelevante, salvo el amparo que pueda suponer una nota informativa que proclame públicamente el rechazo frente a las injerencias externas. Ahora bien, la independencia no significa que puedan actuar al margen de la legalidad. El sometimiento al imperio de la ley es dique de contención frente a la arbitrariedad judicial.

Garantizada la independencia y la inamovilidad, la función judicial debe desarrollarse con la más exquisita imparcialidad y neutralidad. Como cualidades personales, se necesita que los que van a ejercer la función de juzgar tengan la capacidad de controlar sus emociones y aparcar su ideología. Una persona que se deja llevar por sus afectos y creencias no puede ser imparcial, adjetivo que se aplica a la persona que obra o juzga sin parcialidad o pasión y así lo demuestra con sus juicios, acciones o palabras. Las leyes procesales nos proporcionan pautas para precisar cuáles son los presupuestos necesarios para acreditar la imparcialidad judicial. Así, cuando actúa en la fase de investigación la ley le impone recoger tanto los datos incriminatorios como los favorables a la defensa de la persona investigada y, además, contempla situaciones en las que la imparcialidad subjetiva puede quedar en entredicho.

Sintetizando las causas que cuestionan la imparcialidad, las podemos dividir en dos. Unas son de carácter subjetivo y se derivan de la existencia de vínculos familiares del juez con la persona investigada o de una amistad íntima o enemistad manifiesta, y otras tienen un origen objetivo derivado del conocimiento previo que el juez ha tenido del objeto del proceso. Por ejemplo, el juez que ha investigado el caso no puede formar parte del tribunal que lo va a juzgar. En definitiva, el comportamiento de las personas encargadas de la función de juzgar debe estar revestido de las llamadas virtudes cardinales o morales: prudencia, justicia, fortaleza y templanza. Todas ellas deben ser compañeras inseparables del bagaje espiritual, moral, cultural y jurídico de los jueces.

La responsabilidad penal y civil de los jueces está prevista en nuestra Constitución y en el Código Penal y se equipara a la del resto de las autoridades y funcionarios de las Administraciones públicas. Sin embargo, existen matices diferenciales en cuanto a los supuestos y motivos que dan lugar a la responsabilidad. La Constitución nos da algunas pautas: las Administraciones públicas deben servir con objetividad los intereses generales, actuar de acuerdo con los principios de eficacia, jerarquía, descentralización y coordinación, con sometimiento pleno a la ley y al derecho. Recuerda a los funcionarios públicos la obligación de garantizar la imparcialidad en el ejercicio de sus funciones, pero la exigencia de responsabilidad penal y civil a los jueces ofrece mayores dificultades y exige adoptar ciertas cautelas, porque pueden bordear o convertirse en un ataque a la independencia judicial. La novedad de esta medida llevó a los que habíamos ejercido nuestras funciones durante la dictadura, libres de cualquier reclamación, a contratar pólizas de cobertura de la responsabilidad civil con compañías aseguradoras. En definitiva, nos equiparamos a los médicos, que siempre la tuvieron para responder ante las numerosas reclamaciones de los pacientes por lo que se consideraba una mala práctica. Los jueces también podemos incurrir en malas prácticas.

La Constitución establece, por primera vez en la historia de nuestro país, que los daños causados por error judicial, así como los que sean consecuencia del funcionamiento anormal de la Administración de Justicia darán derecho a una indemnización a cargo del Estado conforme a la ley. Los artículos 292 y siguientes de la Ley Orgánica del Poder Judicial regulan los cauces por los que el ciudadano que cree haber sido víctima de un error judicial pueda reclamar una indemnización. Sin embargo, este tiene ante sí una tarea titánica. Para que puedan iniciarse los trámites es necesario que la reclamación de indemnización por causa de error vaya precedida de una decisión judicial que expresamente reconozca la existencia de un error. Este requisito previo es más fácil de conseguir cuando el error se constata en virtud de un recurso de revisión.

Este recurso que da lugar a la anulación de una sentencia condenatoria se produce cuando concurren los supuestos previstos en la ley. El más famoso en la historia judicial española es el suceso conocido como el crimen de Cuenca (que sirvió de argumento a la película, del mismo título, dirigida por Pilar Miró) por el que se condenó a dos personas por el homicidio de un tercero cuyo cadáver nunca apareció. Se comprobó, después de los años, que estaba vivo y no había sufrido ninguna agresión. En este caso la condena se había basado en la confesión bajo torturas de los dos acusados, que fueron compensados nombrándoles agentes forestales. También existe error cuando se condena a dos personas en sentencias distintas por un delito que, por su naturaleza, solo podía haber sido cometido por una, lo que demuestra que una de las sentencias es errónea. En general, existe error cuando después de dictada la sentencia condenatoria aparecen nuevos hechos o nuevos elementos de prueba que acreditan la inocencia del condenado. Por ejemplo, cuando el verdadero autor confiesa después de varios años, una vez transcurrido el tiempo de la prescripción del delito, haberlo cometido demostrándolo con hechos concluyentes.

Estos errores son fácilmente evitables si se respetan las reglas de un debido proceso y no se condena a nadie cuando existe una duda razonable sobre su participación en un hecho delictivo. Los principios de presunción de inocencia o de *in dubio pro-reo* evitan la comisión de errores. Ante una sociedad vindicativa y punitivista, es necesario trasmitir la idea de que es preferible que diez culpables sean absueltos que condenar a un inocente.

Finalmente, si la suerte acompaña al esforzado ciudadano, debe dirigir su petición indemnizatoria directamente al Ministerio de Justicia, tramitándose la misma con arreglo a las normas reguladoras de la responsabilidad patrimonial del Estado, pero todavía le queda un obstáculo. Si la indemnización no es la que esperaba puede reclamar acudiendo a la jurisdicción contencioso-administrativa con el consiguiente gasto y la posibilidad de que su reclamación no sea atendida. En el caso de que este consiga plenamente su propósito, podría decirse una bienaventuranza: «Bienaventurados los que consiguen ser indemnizados porque a ellos les ha tocado la lotería».

3. El Consejo General del Poder Judicial

La aparición del Consejo General del Poder Judicial en nuestro sistema político-constitucional es una consecuencia del establecimiento del principio de la división de poderes. Desaparecido el principio de unidad de poder y diversidad de funciones que era el pilar de la dictadura, el Poder Judicial se desvinculó del control omnímodo del dictador. No existían precedentes de esta situación en las anteriores Constituciones. Durante la dictadura, la organización, el funcionamiento, el régimen de personal y la financiación presupuestaria estaban en manos del Ministerio de Justicia que las gestionaba a través de una Dirección General de Justicia. La Administración de Justicia era una especie de Negociado en el que se integraban unos funcionarios judiciales que tenían la misión, ni más ni menos, de dictar resoluciones que afectaban a la vida y bienes de los ciudadanos. Como dato significativo de la preeminencia del poder dictatorial, el Ministro de Justicia presidía, en nombre del Caudillo, la ceremonia de la Apertura de Tribunales. El presidente del Tribunal Supremo, a la derecha del ministro, leía un discurso en el que se entremezclaban materiales jurídicos con proclamas políticas. El presidente Francisco Ruiz Jarabo llegó a decir que el 18 de julio de 1936 era la fuente del derecho.

En el año 1971 el movimiento denominado Justicia Democrática, constituido por un grupo de jueces, fiscales y secretarios judiciales, publicamos nuestro primer documento en el que se hacía un análisis crítico sobre el estado de la justicia y las legislaciones restrictivas y sancionadoras de derechos de los ciudadanos. Los integrantes de este grupo solicitábamos en nuestros documentos anuales, que hacíamos coincidir con la fecha de la apertura de tribunales, que era necesario acabar con la dictadura e instaurar un régimen democrático que nos homologase a nuestros vecinos europeos. En ese primer trabajo censurábamos la absoluta discrecionalidad del Gobierno para los nombramientos y las remociones, discrecionalidad que administraba el Ministro de Justicia con intervención del Consejo Judicial, un órgano nombrado mayoritariamente por el Gobierno. Continuamos publicando anualmente nuestros informes sobre la situación de la Justicia y de la necesidad de dar paso a una democracia.

Cuando se aprobó la Ley para la Reforma Política el 4 de enero de 1977, en la que se anunciaba la convocatoria de elecciones libres, decidimos celebrar nuestro primer y último Congreso sin las precauciones que tomábamos durante la clandestinidad. Se discutió sobre la continuidad de Justicia Democrática en tanto que habíamos alcanzado, junto con otros movimientos políticos, el objetivo de devolver la soberanía al pueblo español, al que se convocaba para unas elecciones libres. Después de un intenso debate decidimos, por mayoría, disolvernos. Se adoptaron otras propuestas y conclusiones entre las que destaca, por su actualidad, que el Ministerio Fiscal fuese miembro del Poder Judicial, según el modelo italiano, totalmente independiente del Poder Ejecutivo. Propugnábamos la constitución de un Consejo Superior del Poder Judicial, con rango constitucional, compuesto por miembros elegidos proporcionalmente del Poder Judicial y de otros sectores políticos y organizaciones sociales que se determinasen en la Constitución. Todos los trabajos anuales de Justicia Democrática y las conclusiones del Congreso están recopiladas en un libro titulado *Los jueces contra la dictadura. Justicia y política en el franquismo* (Editorial Túcar, descatalogado).

La Constitución, en el artículo 122.2, introduce el Consejo General del Poder Judicial como órgano de gobierno del Poder Judicial. Determina su composición estableciendo que el presidente del Consejo General del Poder Judicial sea a la vez presidente del Tribunal Supremo, bicefalia que no existe en los Consejos de otros países europeos. Estará integrado por veinte miembros nombrados por el rey por un periodo de cinco años, doce entre jueces y magistrados de todas las categorías judiciales en los términos que establezca la Ley Orgánica; cuatro a propuesta del Congreso de los Diputados y cuatro a propuesta del Senado. Partiendo de esta composición, la Constitución establece que los ocho juristas correspondientes a las Cámaras necesitarán una mayoría de tres quintos. Por el contrario, remite a una Ley Orgánica para regular la forma de elección de los doce vocales judiciales. Existe, por tanto, un margen constitucional para que, mediante una Ley Orgánica que solo necesita mayoría absoluta, se pueda determinar el sistema de elección de los vocales judiciales.

En el año 1979 se constituye el Tribunal Constitucional con diez magistrados de los 12 que lo componen. Su presidente Manuel García Pelayo apremió al legislativo para que aprobase una ley que regulase la constitución y funcionamiento del Consejo General del Poder Judicial para que se pudiese nombrar los dos magistrados que le corresponden. Esta petición se satisface con la Ley Orgánica 1/1980, de 10 de enero, del Consejo General del Poder Judicial. El nombramiento de magistrados para el Tribunal Constitucional recayó equitativamente en Ángel Escudero del Corral, con antecedentes franquistas, y Plácido Fernández Viagas, miembro de Justicia Democrática. Meses más tarde, este último optó por dejar su cargo para ser el primer presidente de la Junta de Andalucía. El Consejo, de abrumadora mayoría de derechas, eligió, en su lugar, a Francisco Pera Verdaguer, de orientación netamente derechista.

Según la ley de 1980 los doce vocales de procedencia judicial se eligieron entre jueces y magistrados pertenecientes a todas las categorías judiciales en los términos establecidos en la presente ley. Abre una brecha de consecuencias imprevisibles al establecer que el Consejo General se renovará en su totalidad cada cinco años, computados desde la fecha de su constitución. Transcurrido dicho plazo, el Consejo continuará en el ejercicio de sus funciones hasta la fecha de constitución del nuevo. En el año 2018 la renovación se encalló y los vocales estuvieron en prórroga durante cinco años, incurriendo en un clamoroso fraude de ley. No se trata de buscar culpables (aunque todo el mundo los haya señalado), sino de derogar urgentemente la norma estableciendo el cese automático, como sucede con el Poder Legislativo y Ejecutivo. Transcurridos los cinco años se haría cargo de su funcionamiento una comisión gestora con competencias limitadas hasta la elección de los nuevos vocales. El edificio que ocupa actualmente el Consejo General del Poder Judicial, en tiempos la sede del Teatro París en la calle Marqués de la Ensenada de Madrid donde, según los historiadores, se estrenó en España la «Quinta sinfonía» de Beethoven, parecía predestinado para dar el espectáculo. Fue pasto de las llamas y sobre su estructura se reconstruyó el actual edificio que primero albergó el Ministerio de Trabajo y posteriormente el Liceo Francés. Los visitantes pueden comprobar que todavía sobrevive el diseño del teatro en forma de herradura en la distribución de los despachos y oficinas.

Al poco tiempo de constituirse, en la apertura del año judicial de 1981, se produjo un incidente, por muchos desconocido, entre el primer presidente del Consejo, Federico Carlos Sáinz de Robles y el entonces ministro de Justicia Pío Cabanillas. Esgrimiendo que todavía estaba vigente la casi imperecedera ley provisional a la orgánica en la que se establecía que la apertura de tribunales sería presidida por el ministro de Justicia (Pío Cabanillas), sostuvo que, según la ley vigente le correspondía a él. Sainz de Robles, por el contrario, y con toda la legitimación que le otorgaba el texto constitucional, mantenía que, una vez que se había constituido el Consejo, el acto debía ser presidido por el Presidente del Tribunal Supremo. La tensión mantuvo a cada uno en sus posiciones hasta que a alguien se le ocurrió, dado que la Constitución establece que la justicia se administra en el nombre del rey, que fuese él el que ostentase la Presidencia, y así continúa hasta el presente.

Todavía queda alguna incidencia menor pero significativa por relatar. El artículo 179 de la Ley Orgánica del Poder Judicial establece que el periodo ordinario de actividad de los tribunales se extenderá desde el primer día hábil de septiembre hasta el 31 de julio de cada año natural. En principio se pretendió hacer coincidir esta fecha con la apertura de tribunales, pero el entonces rey Juan Carlos lo rechazó porque en aquellos momentos se encontraba regateando en Palma de Mallorca. A partir de entonces, el día de la apertura se decide en función de la agenda de la Casa Real.

Como es público y notorio, el verdadero conflicto que se plantea en torno al Consejo del Poder Judicial es el relativo a la forma de nombramiento de los doce vocales judiciales. Durante la vigencia de la Ley Orgánica de 1985 se hacía por elección directa entre jueces y por jueces y magistrados. La tan conocida «enmienda Bandrés» encomienda su elección a las Cortes Generales. A partir de ese momento el debate ha sido intenso y ha dado lugar a una fuerte confrontación política. El sistema ha pasado por diversas vicisitudes y en el momento actual se rige por una modalidad que me parece acertada porque respeta la elección por los jueces y entre los jueces de todos aquellos que libremente quieran presentarse. Después, la lista de los elegidos se envía a las presidencias del Congreso y del Senado que, según sus respectivos reglamentos, deben convocar un pleno para que se proceda a las votaciones sucesivas hasta alcanzar los tres quintos. El problema radica en que los dos partidos mayoritarios (PP y PSOE) son los únicos que pueden conformar los tres quintos, por lo que han pervertido el procedimiento legal. Los representantes de ambos partidos se reúnen para ponerse de acuerdo sobre los nombres de los elegidos, repartiéndose las cuotas, según su fuerza parlamentaria. Una vez consumado el reparto se convoca un simulacro de pleno que ratifica, sin posibilidad alguna de modificación, lo acordado en sus reuniones y cambalaches previos.

En 1985 el Partido Popular recurrió el método de nombramiento parlamentario al Tribunal Constitucional que avaló su reforma, no sin advertir que el sistema más acorde con el texto constitucional era el de la elección por los jueces y entre los jueces, aunque admitía que la modificación podría ser también compatible con la Constitución. La sentencia del Tribunal Constitucional de 29 de julio de 1986 que desestima el recurso de inconstitucionalidad interpuesto advierte que se debe «mantener al margen de la lucha de partidos ciertos ámbitos de poder y entre ellos y señaladamente el poder judicial».

Para romper con el actual bloqueo bastaría una modificación de la ley orgánica que estableciera que, si en la primera votación no se alcanzan los tres quintos requeridos, en una segunda votación sea suficiente con la mayoría absoluta, siempre que esté conformada por tres o cuatro grupos parlamentarios, con lo que se potenciaría el pluralismo y la legitimidad de los nombrados. No se entiende que, si para otorgar la investidura del presidente del Gobierno se exige en una primera votación la mayoría absoluta y en una segunda la mayoría simple, no se pueda aplicar este sistema para la elección de los vocales judiciales. Creo que la Comisión Europea entendería que la fórmula no es peor que la actual, sino incluso mejor.

Con las innovaciones que propongo se acaba con el inadmisible y preocupante bloqueo y se abre la posibilidad de diseñar nuevas fórmulas para el futuro. Entre las modificaciones que pueden introducirse, siguiendo los análisis de las estructuras y competencias de otros modelos de los Estados miembros, me parece necesario reducir la hipertrofia de competencias del Consejo General del Poder Judicial, excesivamente burocrática, eliminando para ello servicios innecesarios y funciones que no le corresponden. Para evitar suspicacias, creo que se debe reforzar el sistema para nombrar magistrados del Tribunal Supremo con la intervención de las Comisiones de Justicia de las Cámaras legislativas y del Consejo General de la Abogacía.

Recientemente, el PSOE y el Partido Popular han llegado a un acuerdo rimbombantemente llamado Pacto de Estado, del que se queda fuera el resto de las formaciones políticas que también forman parte de la estructura del Estado. Ha cristalizado en una Proposición de Ley de reforma de la Ley Orgánica del Poder Judicial y la que regula el Estatuto del Ministerio Fiscal. Me parece que su texto solo va a contribuir a exacerbar los defectos actuales, aunque una disposición adicional abre una puerta a la esperanza. Se impone al Consejo General del Poder Judicial la elaboración de un informe con objeto de examinar los sistemas europeos y una propuesta de reforma del sistema de elección de los vocales designados entre jueces y magistrados. Sin embargo, súbitamente se cierra la puerta y los redactores del texto exigen una mayoría de tres quintos «conforme a lo dispuesto en el artículo 122 de la Constitución [sic]». Parece que no han leído correctamente el texto constitucional, en el que la mayoría de tres quintos solo se exige para designar a los vocales no judiciales. La forma de elección de los vocales judiciales, según la Constitución, será regulada por una ley orgánica, que deja abierta varias posibilidades y variantes, por lo que se conoce que han fracasado en su intento. Los dos sectores no se han puesto de acuerdo para redactar una propuesta conjunta, y espero que ese error se rectifique cuando se elabore y someta a la consideración de las Cortes Generales un proyecto de ley o proposición de ley de reforma del sistema de elección de los vocales judiciales para su debate, y en su caso, tramitación y aprobación. La justicia es un ideal inalcanzable. Así lo reconoció uno de los genios de la ciencia del derecho, Hans Kelsen, en la lección magistral titulada «¿Qué es la Justicia?» que impartió el 27 de mayo de 1952 con motivo de su jubilación en la Universidad de California, Berkeley. El contenido de su disertación se encuentra en un libro que ha tenido una gran difusión y cuya lectura recomiendo. En ella, el autor considera que una definición de justicia es totalmente insuficiente, ya que esta debe fijar un valor absoluto que no puede asimilarse a los valores relativos que una moral positiva o un orden jurídico garantizan. Con la honestidad y el rigor intelectual que adornan todas sus obras, termina advirtiendo:

> Comencé este ensayo con la pregunta: ¿qué es la justicia? La justicia es para mí aquello bajo cuya protección puede florecer la ciencia y junto con la ciencia la verdad y la sinceridad. Es la justicia de la libertad, la justicia de la paz, la justicia de la democracia, la justicia de la tolerancia.

No puede haber justicia sin libertad, paz, democracia y tolerancia. Nuestra Constitución, en el artículo 10.1, nos recuerda que la dignidad de la persona, los derechos inviolables que le son inherentes, el libre desarrollo de la personalidad y el respeto a la ley y a los derechos de los demás son el fundamento del orden político y de la paz social. En definitiva, no puede existir un orden social y una convivencia democrática sin un ordenamiento jurídico que regule con claridad y equilibrio las relaciones individuales y sociales.

Los encargados de aplicar las leyes, juzgar y hacer ejecutar lo juzgado, son los jueces y magistrados, que reciben este influyente y trascendental poder de la soberanía popular. La formación de los jueces y su responsabilidad es un presupuesto ineludible para que el sistema funcione, pero todo resultaría inútil si no se diseña una red territorial dotada de los recursos humanos y medios materiales suficientes para que las demandas y reclamaciones sean resueltas no solo de forma racional y comprensible, sino también en un tiempo razonable. A las personas que acuden a los juzgados y tribunales en demanda de una decisión que satisfaga las pretensiones que estiman justas les tiene sin cuidado que el Consejo General del Poder Judicial lleve en prórroga cinco años o incluso que pudiera seguir otros cinco más. Las sedes judiciales han seguido abiertas en las horas de oficina y han actuado con mayor o menor diligencia o efectividad, según los casos, a pesar de la anormal e irregular situación que ha vivido el Consejo.

Nunca he entendido por qué la anormal e indeseable prórroga del Consejo General del Poder Judicial se ha elevado a la categoría de una gravísima crisis política e institucional. En mi opinión, su impacto sobre el sistema democrático se ha exagerado por los partidos políticos y la mayoría de los medios de comunicación. Ninguno de los veintiséis países restantes que configuran la Unión Europea ha mostrado la más mínima preocupación por la situación de nuestro Consejo del Poder Judicial. Ante su evidente responsabilidad en la demora de la renovación, el Partido Popular ha maniobrado en las instituciones europeas para que la Comisión y el Parlamento se implicaran en un conflicto que, como alguna vez se le escapó al comisario Reynders (que tiene problemas con la justicia por su sospechosa fortuna en la lotería), era una cuestión interna de España. Su intento de lograr un pronunciamiento en el Parlamento Europeo tuvo un éxito «apoteósico»: acudieron 70 de los 717 parlamentarios entonces existentes.

A partir del año 2018, en el que se debió producir la renovación de los vocales, y hasta el momento presente, se han producido resoluciones judiciales de una relevancia internacional que han traspasado nuestras fronteras, como la condena a los políticos independentistas catalanes. Hemos conocido actuaciones judiciales que encajan perfectamente en el extendido concepto conocido como *lawfare*. Hemos asistido a la insólita rebelión, tolerada impasiblemente por el Consejo, de la Asociación Profesional de la Magistratura (APM) y al espectáculo lamentable de algunos jueces saliendo en manifestaciones estáticas a las puertas de los Palacios de Justicia para rechazar una ley de amnistía que, en aquellos momentos, no estaba aprobada, y que tendrán que aplicar por estar sometidos al imperio de la ley. Sin Consejo del Poder Judicial se puede vivir y funcionar, como lo demuestran otros países de la Unión Europea, entre ellos Alemania y Países Bajos, que carecen de esta institución y no por ello el funcionamiento de sus órganos jurisdiccionales ha sufrido merma en la valoración de la opinión pública.

No hay duda de que el Consejo General del Poder Judicial necesita una remodelación a fondo. Su función primordial sería la de velar por el buen funcionamiento del servicio público de la Administración de Justicia y exigir a los otros poderes una dotación presupuestaria que satisfaga el derecho de los ciudadanos a recibir una respuesta motivada y rápida a sus pretensiones.

4. El Ministerio Fiscal, una institución en continua tensión y en un difícil equilibrio

El sistema de selección y formación de las personas que deciden integrarse en el Ministerio Fiscal es el mismo que se exige para los jueces. Desde la fundación de la Escuela Judicial el número de plazas para acceder a las carreras judicial y fiscal se fija en cada convocatoria. Una vez superada la oposición, los aprobados tenían la posibilidad de optar, según el orden del número obtenido, por la carrera judicial o por integrarse en el Ministerio Fiscal. Pertenezco a la XIV promoción, correspondiente al año 1965, en el que se convocaron un total de quince plazas (diez de jueces y cinco de fiscales). Era muy frecuente que los opositores con mayor nota eligieran la carrera fiscal por una serie de razones que, en la mayoría de los casos, nada tenía que ver con motivos vocacionales. Las fiscalías tenían sus sedes exclusivamente en las capitales de provincia, mientras que los jueces se repartían por los numerosos pueblos que ostentaban la codiciada, política y socialmente, condición de cabezas de partido judicial. Las diferencias de dotaciones y servicios, en aquellas épocas, eran abismales. Por eso la elección estaba, en parte, condicionada por lo que ahora se conoce como la calidad de vida.

Con la excepción de Madrid, Barcelona y algunas capitales con mayor densidad de población, la mayoría de las fiscalías estaban conformadas por lo menos por tres fiscales: el jefe, el segundo (que sigue denominándose teniente fiscal, con connotaciones castrenses) y uno o varios abogados fiscales. Además de las ventajas que proporcionaba vivir en una capital de provincia, en algunos casos, podíamos compatibilizar el ejercicio de nuestra función con la enseñanza universitaria. El recién llegado contaba con los consejos y el apoyo de los otros miembros de la fiscalía mientras que los jueces vivían en un completo aislamiento y con dificultades para establecer relaciones sociales salvo con las autoridades, el cura párroco o los notarios y registradores si residían en el pueblo, lo que era bastante infrecuente. Como es notorio, en la actualidad estas circunstancias han cambiado radicalmente.

Durante mucho tiempo la convocatoria de plazas para el acceso a la Escuela Judicial se rigió por este sistema, pero durante unos años se convocaron separadamente. Después de varias vicisitudes se volvió a la convocatoria conjunta, si bien con un número de plazas muy superior al que tuvimos que hacer frente en mi época. La razón por la que se tomó esta decisión tenía un trasfondo político de gran calado: se quería resaltar la potestad jurisdiccional y la independencia judicial frente al mensaje de la dependencia jerárquica de los miembros de la carrera fiscal. En este sentido, la formación en la Escuela Judicial, integrada en el organigrama del Consejo General del Poder Judicial, se reservaba a los jueces, mientras que los fiscales se formaban en el Centro de Estudios Jurídicos, dependiente del Ministerio de Justicia. La diferencia encerraba un mensaje claro que pretendía recordar, en mayor o menor medida, la conexión entre la Fiscalía y el Gobierno.

La institución del Ministerio Fiscal tiene una larga tradición histórica y su nombre procede de la denominación *(minister fiscus)* que se daba, en la época del Imperio Romano, a los que recaudaban los impuestos debidos al César, función que se mantuvo durante muchos años. En realidad, la estructura del Ministerio Fiscal comienza a gestarse en el siglo xix, concretamente en el año 1835, en el que se aprueba el Reglamento Provisional para la Administración de Justicia así como la posterior entrada en vigor de la Ley Orgánica del Poder Judicial de 15 de septiembre de 1870, en cuyo título XX se trataba, entre otros temas, de su naturaleza, de la planta, de sus atribuciones, de la indumentaria de los funcionarios dependientes o del mecanismo de ingreso. Entre todos, destaca que ya se legislase sobre los principios que regirían su actividad o sobre la imposibilidad de recusación de los miembros.

El papel del Ministerio Fiscal como guardián de la legalidad aparece reflejado con nitidez en el artículo 753 al establecer como su función principal velar por la observancia de esta ley y de todas las referidas a la organización de los juzgados y tribunales. Así, promoverá la acción de la justicia en cuanto concierne al interés público, y «tendrá la representación del Gobierno en sus relaciones con el Poder Judicial». Por Real Decreto de 16 de marzo de 1886 se desliga al Ministerio Fiscal de la defensa de los intereses del Fisco que se asigna a los abogados del Estado.

El Ministerio Fiscal como institución y como carrera autónoma se consolida con el Real Decreto de 21 de junio de 1926, en plena dictadura de Primo de Rivera. En el primero de sus estatutos se define al fiscal como representante del Gobierno con la Administración de Justicia y se le encomienda la misión de sostener la integridad de las atribuciones y competencias de los juzgados y tribunales en general, además de defenderlas de toda invasión, sea cual sea el orden o jurisdicción de donde provenga. El fiscal es oído en cuantas cuestiones de competencia y conflictos de jurisdicción se produzcan y en cuantos recursos que puedan afectar a la jurisdicción ordinaria en cada juzgado o tribunal en que cada funcionario fiscal ejerza sus funciones. El nombramiento del fiscal del Tribunal Supremo será hecho en virtud de acuerdo del Consejo de Ministros a propuesta del de Gracia y Justicia y podrá recaer sobre cualquier miembro de la carrera fiscal y judicial y el gobierno podrá acordar libremente su separación.

Después del golpe militar de 1936 que culminó con la instauración de una larga dictadura, la llamada Ley Orgánica del Estado de 1967 atribuye al Ministerio Fiscal la tarea de ser un órgano de comunicación entre el Gobierno y los Tribunales de Justicia.

En nuestra larga y variada historia constitucional apenas existen referencias en sus textos a la regulación de las funciones del Ministerio Fiscal. Solamente la Constitución de la Segunda República le dedicó un artículo en el que estableció que «el Ministerio Fiscal velará por el exacto cumplimiento de las leyes y por el interés social. Constituirá un solo cuerpo y tendrá las mismas garantías de independencia que la Administración de Justicia». Si este modelo se hubiera mantenido hasta el presente se habría despejado el debate sobre la atribución a la Fiscalía de la instrucción e investigación de las causas penales. Nos habríamos asimilado a los sistemas imperantes en Francia y en Italia, países en los que los componentes del Ministerio Público o Procuradores Generales de la República gozan de un estatus semejante al de los magistrados. Además, se reforzaría su independencia al concedérseles la posibilidad de pasar de las fiscalías a la magistratura.

Al extinguirse la dictadura con la muerte de Franco se abre una vía hacia la democracia que culmina con la promulgación de la Constitución de 1978, que dedica un amplio artículo (124) al papel que le corresponde al Ministerio Fiscal como órgano, con autonomía funcional, dentro del título dedicado al Poder Judicial. El salto cualitativo es importante y sitúa a la institución ante un panorama hasta el momento inédito, idóneo para alcanzar su plena autonomía. Si repasamos las actas de los trabajos que cristalizan en la redacción definitiva del texto constitucional, encontraremos interesantes aportaciones que ponen de relieve las tensiones y el difícil equilibrio que debe guardar el Ministerio Fiscal para no convertirse en el brazo jurídico del Gobierno de turno. El fiscal general del Estado, nombrado por el Gobierno, se asemeja a un funambulista que tiene que caminar procurando que la barra que le permite mantener el equilibrio no se incline hacia la dependencia jerárquica en detrimento del principio de legalidad.

Los dos partidos políticos que se han alternado en el poder (PSOE y PP) no han contribuido con sus decisiones y posicionamientos a reforzar la imagen de independencia que debe ofrecer la Fiscalía General del Estado. En cuanto al nombramiento, se presentó una enmienda por la Unión del Centro Democrático, en la que se proponía que el fiscal del Tribunal Supremo fuera nombrado por el rey a propuesta del Gobierno, oído el Consejo General del Poder Judicial. Si repasamos el debate constituyente sobre cómo debía articularse el Ministerio Fiscal en el marco del Poder Judicial, podemos encontrar las claves que contribuirían al esclarecimiento de las tensiones que se han vivido en torno a la persona del fiscal general del Estado. El punto conflictivo se encuentra en el sistema de su nombramiento, aunque creo que la elección no debe condicionar ni poner en cuestión la prioritaria función de defender la legalidad y el interés general por encima de las pretensiones del Gobierno que en ese momento se encuentre en el poder.

Durante los debates del texto constitucional se manejaron diversas opciones. El artículo 114 del Anteproyecto de Constitución que sirvió de base para todas las propuestas de los grupos parlamentarios establecía que «el nombramiento del fiscal del Tribunal Supremo se hará en la forma establecida por el presidente de dicho Tribunal».

Entre las diferentes propuestas se propugnó que el Ministerio Fiscal fuese un órgano de relación entre las Cortes Generales, el Gobierno y la Administración de Justicia. El grupo socialista propuso que el fiscal del Tribunal Supremo se nombrase por los tres quintos del Congreso de los Diputados por un periodo de cinco años. Finalmente, salió adelante una enmienda del grupo parlamentario Unión del Centro Democrático que propugnaba que: «El fiscal del Tribunal Supremo será nombrado por el rey a propuesta del Gobierno, oído el Consejo General del Poder Judicial». Esta tesis fue la que acabó incorporándose al vigente texto constitucional (art.124.4).

El apartado primero del artículo 124 de la Constitución resulta un tanto farragoso e incongruente, con referencias absolutamente innecesarias y distorsionadoras. Nada que objetar a su misión de promover la acción de la justicia en defensa de la legalidad, de los derechos de los ciudadanos y del interés público tutelado por la ley. Se le atribuye, además, la misión imposible de velar por la independencia de los tribunales, tarea que se concede a los jueces y magistrados, pero no a los órganos judiciales como tales. Como establecía el Estatuto de 1926, con mejor criterio, su función principal es la de vigilar el cumplimiento de las previsiones constitucionales que garantizan el derecho al juez ordinario predeterminado por la ley (art. 24.), por lo que debe intervenir necesariamente en todas las cuestiones de competencia.

En el apartado segundo, por otro lado, se hace referencia a la necesidad de actuar con órganos propios, es decir con autonomía funcional. Se establecen como principios rectores de su funcionamiento la unidad de actuación y dependencia jerárquica, si bien (y con rotundo énfasis) sujetos, en todo caso, a los de legalidad e imparcialidad que considero preeminentes. Su organización, capacidad de actuación y funcionamiento se encomiendan al Estatuto orgánico que se regulará por ley.

La Ley 50/1981, de 30 de diciembre, por la que se regula el Estatuto Orgánico del Ministerio Fiscal, tiene la original singularidad de ser la única norma emanada de las Cortes Generales que está firmada en la estación de esquí de Baqueira-Beret, (fíjense en la fecha y adivinen por qué) y contiene una serie de disposiciones que permiten afianzar la autonomía de la Fiscalía General del Estado y la libertad de criterio del fiscal general. Se complementa por el Real Decreto 305/2022 de 3 de mayo por el que se aprueba el Reglamento del Ministerio Fiscal.

El Estatuto comienza sentando, como principio general, que el Ministerio Fiscal es un «órgano de relevancia constitucional» con personalidad jurídica propia, integrado con autonomía funcional en el Poder Judicial. Se le encomienda, además, velar por que la función jurisdiccional se ejerza eficazmente conforme a las leyes y en los plazos y términos en ellas señalados, ejercitando, en su caso, las acciones, recursos y actuaciones pertinentes.

Asimismo, recuerda la obligación de defender la independencia de los jueces y tribunales, de las instituciones constitucionales y de los derechos fundamentales y libertades públicas con cuantas actuaciones exija su defensa. Su relevancia constitucional se consolida al intervenir en los procesos judiciales de amparo, así como en las cuestiones de inconstitucionalidad en los casos y formas previstos en la Ley Orgánica del Tribunal Constitucional.

Anticipa la posibilidad de encargar, en el futuro, la instrucción e investigación de los delitos al permitirle realizar diligencias de investigación, también conocidas como preprocesales, recibiendo denuncias, enviándolas a la autoridad judicial o decretando su archivo cuando no encuentre fundamentos para ejercitar acción alguna, notificando en este último caso la decisión al denunciante por si quiere ejercitar las acciones penales previstas en la ley. Esta decisión, que debe ser motivada, estará inspirada por el principio de imparcialidad y tomada con plena objetividad e independencia.

El fiscal general del Estado goza, según el Estatuto, de plena capacidad y posibilidad de actuar con absoluta independencia. Como ya se ha dicho, será nombrado por el rey a propuesta del Gobierno, oído previamente el Consejo General del Poder Judicial, eligiéndolo entre juristas españoles de reconocido prestigio con más de quince años de ejercicio efectivo de su profesión. Se establece un distanciamiento de la actividad política, vetando el nombramiento de las personas que, en los cinco años anteriores hayan sido nombradas titulares de un ministerio, de una secretaría de Estado o de una consejería de un Gobierno autonómico, que hayan sido elegidas titulares de la presidencia de una Corporación local o tenido la condición de diputado, senador, miembro del Parlamento Europeo o de una asamblea legislativa de una comunidad autónoma.

Además del filtro de idoneidad que corresponde al Consejo General del Poder Judicial con carácter no vinculante, el Gobierno comunicará su propuesta al Congreso de los Diputados, a fin de que pueda disponer la comparecencia de la persona elegida ante la Comisión de Justicia de la Cámara, en los términos que prevea su reglamento, a los efectos de que se puedan valorar los méritos e idoneidad del candidato propuesto. Políticamente me parece desaconsejable que el Gobierno insista en mantener el nombramiento de la persona propuesta en el caso de que dichos informes previos estén suficientemente motivados, salvo que el criterio desfavorable esté basado en argumentos ideológicos o políticos.

Una vez nombrado, el mandato del fiscal general del Estado tendrá una duración de cuatro años. Antes de que concluya dicho mandato únicamente podrá cesar por los siguientes motivos: a) a petición propia, b) por incurrir en alguna de las incompatibilidades o prohibiciones establecidas en esta ley, c) en caso de incapacidad o enfermedad que lo inhabilite para el cargo, d) por incumplimiento grave o reiterado de sus funciones, e) cuando cese el Gobierno que lo hubiera propuesto. Estas previsiones le blindan frente a imposiciones o injerencias del Gobierno que lo ha nombrado.

A pesar de todo ello, en el mundo de la política y en el de los medios de comunicación, se asume como una verdad (lamentablemente consolidada por la realidad política encarnada en los principales partidos políticos PP y PSOE), que el fiscal general del Estado debe seguir las órdenes del Gobierno, lo que choca frontalmente con el artículo 8 del Estatuto, cuya lectura es lo suficientemente esclarecedora como para descartar esta errónea interpretación. El Gobierno «solo podrá interesar del fiscal general del Estado que promueva ante los tribunales las actuaciones pertinentes en orden a la defensa del interés público». El fiscal general del Estado, oída la Junta de Fiscales de Sala del Tribunal Supremo, resolverá sobre la viabilidad o procedencia de las actuaciones interesadas y «expondrá su resolución al Gobierno» de forma razonada. En todo caso, el acuerdo adoptado se notificará a quien haya formulado la solicitud.

El artículo 11 amplía esta posibilidad a que los órganos de Gobierno de las Comunidades Autónomas soliciten la actuación del Ministerio Fiscal en defensa de interés público. Para ello se dirigirán, poniéndolo en conocimiento del Ministerio del Justicia, al fiscal superior de la comunidad autónoma, que lo pondrá a su vez en conocimiento del fiscal general del Estado, quien, oída la Junta de Fiscales de Sala, resolverá lo procedente, ajustándose en todo caso al principio de legalidad. Cualquiera que sea el acuerdo adoptado, se dará cuenta de este a quien haya formulado la solicitud.

No sé en cuántas ocasiones y circunstancias se ha utilizado esta facultad de requerir un determinado posicionamiento del fiscal general del Estado respecto a peticiones del Gobierno o de las Comunidades Autónomas, pero puedo dar fe de lo que viví en el año 1983 cuando formaba parte de la Secretaría Técnica del entonces fiscal general, Luis Burón Barba. Con motivo de los cortes de carreteras por los tractores de agricultores afiliados a los sindicatos de obreros del campo, recibimos un oficio de los ministros del Interior y Fomento que nos *ordenaba* que procediésemos a ejercitar las correspondientes penales. Con toda corrección, contestamos a su petición recordándoles que, según el Estatuto, no podían dirigir órdenes, por lo que nos dábamos por notificados y procederíamos según las previsiones estatutarias. En 1984 el Ministerio Fiscal se querelló contra Jordi Pujol y otros dirigentes de Banca Catalana, iniciativa que desagradó al Gobierno por lo que, ante las presiones, Burón Barba presentó su dimisión en 1986.

También quiero recordar la actitud del fiscal general del Estado, Eduardo Torres-Dulce, cuando presentó su dimisión el 18 de diciembre de 2014 por desavenencias con el Gobierno del Partido Popular en relación con la querella contra Artur Mas por el referéndum no vinculante y, sobre todo, por permitir que siguiera adelante el proceso de la Gürtel. Por tanto, nadie puede discutir que existen los mecanismos suficientes para mantener la independencia, la autonomía y la libertad de criterio cuando el Gobierno de turno pretende presionar o interferir en la actuación de la Fiscalía.

> Los componentes del Ministerio Fiscal también pueden ejercer su libertad de criterio frente a decisiones jerárquicas que les imponen una determinada actuación. Según el Estatuto, el fiscal que recibiere una orden o instrucción que considere contraria a las leyes o que, por cualquier otro motivo estime improcedente, se lo hará saber así, mediante informe razonado, a su fiscal jefe. De proceder la orden o instrucción de este, si no considera satisfactorias las razones alegadas, planteará la cuestión a la Junta de Fiscalía y, una vez que esta se manifieste, resolverá definitivamente reconsiderándola

o ratificándola. De proceder de un superior, elevará informe a este, el cual, de no admitir las razones alegadas, resolverá de igual manera oyendo previamente a la Junta de Fiscalía. Si la orden fuere dada por el fiscal general del Estado, este resolverá oyendo a la Junta de Fiscales de Sala. Si el superior se ratificase en sus instrucciones lo hará por escrito razonado con la expresa relevación de las responsabilidades que pudieran derivarse de su cumplimiento o bien encomendará a otro fiscal el despacho del asunto a que se refiera.

Lo cierto es que esta disidencia no se ejerce habitualmente en los casos rutinarios del día a día del funcionamiento de la Fiscalía, pero pueden estallar en aquellos supuestos en los que la actuación del fiscal afecta a casos con relevancia política. Al principio de los años dos mil adquirió una gran relevancia pública el caso del fiscal del Tribunal Supremo Bartolomé Vargas, que trabajó durante dos años en la investigación judicial del caso Ercros y propuso en dos ocasiones la imputación de Josep Piqué, entonces ministro de Asuntos Exteriores del Gobierno del Partido Popular, por entender que había indicios de varios delitos en su gestión al frente de la compañía. El fiscal general del Estado, Jesús Cardenal, optó por relevarlo del caso y cambiarle de sección.

Otra oportunidad de mantener una cierta independencia de criterio por parte de los fiscales que asisten a los juicios pasa por mantener la acusación que se contiene en el escrito de conclusiones provisionales visadas por los fiscales jefes, pero en el momento del informe oral exponer tesis alternativas que expresen sus dudas a la vista del resultado de las pruebas practicadas en las sesiones del juicio, ofreciendo posibilidades más beneficiosas al tribunal o incluso insinuando una posible absolución. Es posible modificar las conclusiones en un sentido alternativo o más favorable, pero exige una tramitación que paralizaría el juicio durante un tiempo indeterminado. Esta forma de actuar la hemos heredado del sistema francés, en el que rige un aforismo que siempre me ha impresionado y que no me canso de repetir: «La pluma es esclava pero la palabra es libre». Por este lema deben regirse los miembros de la Fiscalía.

Es muy interesante el texto del preámbulo del Reglamento en el que se reconoce que el desarrollo del modelo descrito no está acabado. De hecho, la proyectada nueva Ley de Enjuiciamiento Criminal (en tramitación) afectará de manera esencial a la actual estructura y organización del Ministerio Fiscal con la consiguiente reforma estatutaria. Esto, sumado a la necesidad de asimilar nuestra legislación al horizonte europeo y a la Fiscalía Europea (que comenzó su actividad en el año 2021), hará necesaria en el futuro una adaptación de los principios y características del Ministerio Fiscal español desde su posición constitucional, entre los poderes del Estado, atendiendo a su integración con autonomía funcional en el Poder Judicial.

5. Otras personas con posibilidad de promover la acción de la justicia. Los perjudicados u ofendidos por los delitos

La persona que ha resultado ofendida o perjudicada por un delito tiene un derecho indiscutible, personal, intransferible y preferente para ejercitar acciones penales en demanda de que se persigan e investiguen los hechos, tengan o no autor conocido y por supuesto, solicitar la pena que estime procedente, así como la correspondiente indemnización, económica o reparadora, por daños y perjuicios físicos, morales o materiales. El espectro de quienes ostentan la posibilidad de personarse y ejercitar las acciones en el proceso penal, participando activamente en el curso de las investigaciones hasta llegar a su final, es muy amplio. Por supuesto, no pueden ejercitarla las víctimas de delitos de homicidio o asesinato, pero sí sus descendientes directos o incluso personas de vínculos familiares más alejados. El Anteproyecto de Ley de Enjuiciamiento Criminal, en su artículo 113 amplía la posibilidad de ejercicio de la acusación particular a las asociaciones de víctimas y por las personas jurídicas a las que la ley reconoce legitimación para defender los derechos de estas, siempre que ello sea expresamente autorizado por la víctima del delito.

En nuestro sistema procesal penal (y así se mantiene en el Anteproyecto) existe la posibilidad de renunciar al ejercicio de la acción penal reservándose exclusivamente el ejercicio de la acción civil para ser indemnizados. Si el perjudicado decide no personarse (entre otros motivos, por razones económicas, ya que tendría que hacer frente a los gastos de abogado y procurador), su interés por la sanción penal se ejercita por el Ministerio Fiscal. En el caso de inactividad, no por ello se puede entender que se renuncia al derecho de restitución, reparación o indemnización que pudiera acordarse en una sentencia firme. La renuncia se hará siempre en forma expresa, para que no quede duda sobre la voluntad de la persona legitimada para ejercerla.

El manejo del curso de las actuaciones judiciales se complica cuando existe un elevado número de personas ofendidas o perjudicadas que comparecen a ejercitar sus derechos, como en los casos del aceite de colza o del Fórum Filatélico, entre otros. En ellos es evidente que la normal tramitación de las diligencias necesarias se dificulta, dilatando el tiempo de tramitación, impidiendo el derecho a obtener una resolución en tiempo razonable y provocando inevitablemente dilaciones indebidas. En estos supuestos hay que buscar soluciones que permitan una tramitación en un tiempo proporcionado a la complejidad de la causa. La autoridad judicial competente en cada fase del proceso, en resolución motivada, y tras oír a todas las partes, podrá proponer que estas se agrupen en una o varias representaciones letradas.

La ley no puede adoptar una postura en cierto modo tolerante, limitándose a exhortar a los perjudicados a que se pongan de acuerdo para actuar bajo una única o unas pocas representaciones letradas. La propia dinámica de los acontecimientos ofrece, aunque no siempre, posibles soluciones impuestas por las circunstancias personales y económicas de los perjudicados cuando su número puede llegar incluso a más de un millar. La experiencia nos enseña que estas situaciones provocan que muchos bufetes de abogados ofrezcan sus servicios a un menor coste si se agrupa un número importante de perjudicados por lo que, en la práctica, se produce esa concentración bajo una sola dirección letrada. Una inflación de acusaciones particulares necesariamente provoca un maremágnum difícil de manejar y encauzar procesalmente en un plazo razonable.

Por referirnos a casos que alcanzaron relevancia e impacto social por el número de perjudicados podemos tomar como referencia el caso de la intoxicación por el aceite de colza, ya mencionado. Los miles de perjudicados se agruparon en diferentes despachos de abogados. Aun así, comparecieron 19 acusaciones particulares. Para celebrar el juicio hubo que habilitar un pabellón ferial de la Casa de Campo. Las fotos de la sala resultan impresionantes. Pasaron por el tribunal 1.500 testigos y 200 peritos.

La ley de 27 de abril de 2015 establece y regula el Estatuto de la víctima del delito. Su preámbulo expone que la finalidad de la ley es la de ofrecer, desde los poderes públicos, y cito textualmente,

> una respuesta lo más amplia posible, no solo jurídica sino también social a las víctimas, no solo reparadora del daño en el marco de un proceso penal, sino también minimizadora de otros efectos traumáticos en lo moral que su condición puede generar, todo ello con independencia de su situación procesal. Por otro lado, la protección y el apoyo a la víctima no es solo procesal, sino que cobra una dimensión extraprocesal. Se funda en un concepto amplio de reconocimiento, protección y apoyo, en aras a la salvaguarda integral de la víctima. Para ello, es fundamental ofrecer a la víctima las máximas facilidades para el ejercicio y tutela de sus derechos, con la minoración de trámites innecesarios que supongan la segunda victimización, otorgarle una información y orientación eficaz de los derechos y servicios que le corresponden, la derivación por la autoridad competente, un trato humano y la posibilidad de hacerse acompañar por la persona que designe en todos sus trámites, no obstante la representación procesal que proceda, entre otras medidas.

No todas las personas que han sido afectadas por la comisión de hechos delictivos tienen el mismo tratamiento jurídico y gozan de la condición de víctimas especialmente protegidas. La condición de víctima solo recae en las personas físicas individualizadas (las personas jurídicas no pueden ser víctimas del delito sino solo ostentar la condición de perjudicadas). En este sentido, existen delitos privados que solo y exclusivamente pueden ser perseguidos por la iniciativa de la persona ofendida (calumnias, injurias y hasta no hace demasiado tiempo, el adulterio y el amancebamiento), pero también existen otros llamados semiprivados o semipúblicos, según las circunstancias, en los que la iniciativa corresponde, en principio, a la persona ofendida por el delito, como son los delitos contra la libertad sexual, salvo cuando afecten a menores o personas desvalidas, en cuyos supuestos puede actuar de oficio el Ministerio Fiscal.

En la actualidad han adquirido especial relevancia y un tratamiento jurídico diferenciado las víctimas de los delitos violentos, terrorismo, integridad sexual o violencia de género. Su incuestionable impacto en la sociedad ha generado una respuesta y un tratamiento específicos, lo que ha dado lugar al nacimiento de la victimología como una disciplina científica que estudia las relaciones víctima-criminal, concebida como una rama de la criminología, cuyos inicios se sitúan en los años treinta. Esta ciencia pone el foco en la víctima, su entorno y sus circunstancias, a diferencia de otras aproximaciones que hasta entonces se habían ocupado exclusivamente en el estudio y tratamiento del delincuente. Como se ha dicho, la victimología centra su atención precisamente en las personas que se encuentran en una mayor situación de vulnerabilidad y que, por consiguiente, son las primeras que necesitan que se estudie el tipo de experiencias por las que pasan, sus fuentes de malestar y las posibles soluciones.

Vivimos en una sociedad en la que los políticos reaccionarios, potenciados por algunos medios de comunicación, ofrecen como solución taumatúrgica un incremento de las penas de prisión. Creo que la protección a las víctimas de delitos violentos nunca debe pasar por medidas basadas en lo que se conoce como populismo punitivo, que ha conseguido de hecho un sistema de penas que, pasando por la prisión permanente revisable, ha establecido la cota más alta de la Unión Europea en cuanto a la duración de las penas de prisión. El cumplimiento íntegro de una pena de cuarenta años de prisión sin duda merece el calificativo de tratamiento cruel, inhumano y degradante.

Hay que poner el énfasis, como recogen algunas leyes, en la organización y funcionamiento de las Oficinas de Asistencia a las Víctimas de Delito, en el fomento de la formación de operadores jurídicos y del personal al servicio de la Administración de Justicia en el trato a las víctimas, así como en la sensibilización y concienciación mediante campañas de información, la investigación y educación en materia de apoyo, protección y solidaridad con las víctimas, la cooperación con la sociedad civil y en el ámbito internacional, además de en el fomento de la autorregulación de los medios de comunicación sobre el tratamiento de informaciones que afecten a la dignidad de las víctimas. Es importante que las víctimas de violencia de género tengan derecho a recibir asesoramiento jurídico gratuito en el momento inmediatamente previo a la interposición de la denuncia, y, en todo caso, garantizar la defensa jurídica, gratuita y especializada de forma inmediata a todas aquellas que lo soliciten.

Me parece repugnante, retrógrado y cínico que cualquier medida legislativa que propugne incrementar el sistema protector y asistencial frente a excesos punitivos sea vendida a la opinión pública como una ofensa o humillación a las víctimas. Siempre me he formulado esta pregunta: ¿tiene una víctima derecho a pedir que el agresor se pudra en una cárcel? Muchas lo piden, pero reconocer este derecho sería tanto como volver a la Edad Media. La víctima no puede exigir ni venganza, ni dureza ni, por supuesto, la contravención de las garantías procesales. Tiene derecho a recibir un trato cercano, ayuda asistencial y emocional, a ser parte en el proceso y pedir la pena que legalmente crea procedente, pero lo contrario sería conculcar el Estado de derecho.

En una democracia, solo el Parlamento y el Gobierno pueden dirigir las políticas legislativas y de seguridad. Los que se aprovechan de su dolor, alimentando perpetuamente sus angustiosos recuerdos, solo merecen el desprecio por el daño que causan tanto a los afectados como a la convivencia.

Sus propuestas son simplistas y monocordes. Según ellos, la cadena perpetua es el bálsamo que transformará la sociedad en un idílico paraíso seguro y sin delincuencia. Para cubrir su desnudez argumental, nos recuerdan que otros países democráticos cuentan con ella, y es cierto. También ejecutan la pena de muerte. En los países que conservan la cadena perpetua, como Francia, está siendo revisada y, además, solo excepcionalmente la pena de prisión supera los 25 años.

6. La acción popular. Necesidad de su reforma

Confieso que desconozco los motivos que llevaron a los juristas del siglo XIX a conceder a todos los ciudadanos españoles la capacidad para ejercitar acciones penales ante los juzgados y tribunales, aunque no hayan sido perjudicados directamente por el delito. No me imagino la iniciativa del ciudadano o ciudadanos si no justifican que están actuando en defensa del interés general que consideran lesionado ante la inactividad del Ministerio Fiscal. Desde sus orígenes (y así lo recoge nuestro actual texto constitucional), es el Ministerio Fiscal quien tiene por misión promover la acción de la justicia en defensa de la legalidad, de los derechos de los ciudadanos y del interés público, tutelado por la ley de oficio o a petición de los interesados.

Sin embargo, no he dejado de reflexionar sobre los posibles orígenes de esta institución, seguramente relacionados con el impacto que tuvo en gran parte de los políticos y constitucionalistas liberales de nuestro país la Declaración de Independencia de los Estados Unidos el 4 de Julio de 1776, cuyo texto constitucional cristaliza el 17 de septiembre de 1787. En él se establece que todos los delitos serán juzgados por un jurado de ciudadanos al que corresponde la responsabilidad de pronunciar un veredicto de culpabilidad o inocencia. La acción popular, a pesar de los esfuerzos de Eugenio Montero Ríos para incluirla en la Ley Orgánica provisional de 1870, no se instauró en España hasta 1888. Algunos juristas y adversarios políticos la denominaron irónicamente como «ley de un verano» que ha terminado resultando el más largo de la historia porque, con retoques y adaptaciones, ha permanecido vigente hasta 1985.

Eugenio Montero Ríos, un liberal anticipado a su tiempo, fue un político vanguardista que participó como cofundador en la creación de la Institución Libre de Enseñanza, tan sañudamente perseguida y finalmente disuelta tras el golpe militar de 1936. Su pasión por la libertad y la justicia le acercó a considerar como alternativa a la tradición monárquica la instauración de un sistema republicano. Su admiración por los Estados Unidos se refleja en el manifiesto del Gobierno provisional de 25 de octubre de 1868, en pleno periodo revolucionario que precedió a la Constitución de 1869. En este manifiesto se introduce un párrafo que estoy convencido, aun sin tener constancia fehaciente, que ha sido redactado por su iniciativa. Su contenido ha pasado desapercibido sin merecer la atención de la mayoría de los constitucionalistas, pero no me resisto a reproducirlo. Dice así:

> Verdad es que se han levantado voces elocuentes y autorizadas en defensa del régimen republicano, apoyándose en la diversidad de orígenes y caracteres de la nacionalidad española y más que nada en el maravilloso ejemplo que ofrece, allende los mares, una potencia nacida ayer y hoy envidia y admiración del mundo. Pero por mucha importancia que relativamente se concedan a estas opiniones, no tienen tanta como la general reserva con que sobre asunto tan espinoso han procedido a las Juntas en las cuales, hasta la formación del Gobierno provisional han resistido por completo a la iniciativa revolucionaria.

Si hacemos un recorrido por nuestro largo periplo constitucional podemos encontrar en la Constitución de 1812 un artículo (255) en el que se dice que: «El soborno, el cohecho y la prevaricación de los magistrados y jueces produce acción popular contra los que los cometan». Asimismo, en la Constitución de 1869 se establece el juicio por jurados para delitos políticos y se concede a todo español la posibilidad de entablar la acción pública contra los jueces y magistrados por los delitos que pudieran cometer en el ejercicio de sus cargos. Más adelante, después de muchas convulsiones, en la I República española se redacta un Proyecto de Constitución Federal de 1873, que no se llegó a promulgar, en el que se introduce el Jurado como único sistema para juzgar toda clase de delitos pero no se hace referencia a la acción popular. Un anteproyecto de Constitución de la monarquía española de 1929 que tampoco llegó a promulgarse no hace referencia alguna a la acción popular. La Constitución de la Segunda República de 9 de diciembre 1931 rescata la institución del jurado, pero no constitucionaliza la acción popular.

Desde el punto de vista legislativo siempre hubo ciertas reticencias a consagrar la acción popular. Como pone de relieve el Reglamento Provisional para la Administración de Justicia de 1835, se reserva la legitimación para activar los procesos penales al Ministerio Fiscal en todas las causas por delitos públicos y ocasionalmente al acusador privado, es decir, al perjudicado por el delito. Sin embargo, el precedente de la actual Ley de Enjuiciamiento Criminal del año 1872 estableció, en el artículo 2, por influencia inglesa, la posibilidad de ejercitar la acción popular. Con posterioridad, esta se consagra definitivamente en la vigente Ley de Enjuiciamiento Criminal de 1882 para toda clase de delitos públicos, si bien prohíbe ejercitar la acción civil indemnizatoria. Además, en su artículo 101 establece definitivamente la acción popular que concede a todos los ciudadanos españoles la posibilidad de ejercitar la acción pública penal en toda clase de delitos ajustándose a las prescripciones de la ley; disposición que sigue vigente en el momento de escribir estas líneas. Se atribuye a Eugenio Montero Ríos ser el principal inspirador de dicha reforma.

La profesora Susana Oromí Vall-Llovera de la Universidad de Girona ha escrito una interesante obra sobre *El ejercicio de la acción popular,* en la que propone las pautas para una futura regulación legal. Resulta relevante porque, entre otras razones, pone de relieve las deficiencias actuales de su regulación y nos obliga a reflexionar sobre el mal uso que de ella hacen, en la actualidad, colectivos que han adquirido una incuestionable notoriedad, con fines exclusivamente políticos y con la seguridad de que gozan del beneplácito de algunos jueces y tribunales. Su inclusión en la Ley de Enjuiciamiento Criminal de 1882, todavía vigente y el refrendo de nuestra Constitución la han consolidado, por lo que solo cabe el debate sobre la urgente necesidad de su acotamiento para atajar sus efectos indeseables.

Esta necesidad ya la puso de relieve Francisco Silvela, político y académico, que llegó a ser presidente del Consejo de Ministros. Consciente de su imperfección afrontó su modificación en el Real Decreto Ley de 13 de junio de 1927 por el que se dictan las normas para el ejercicio de las acciones penales, incluida la acción popular. En esta norma encontramos controles que, desgraciadamente, han caído en desuso. Por ejemplo, es un requisito indispensable ejercitarla por medio de querella, en la que deben constar todos los elementos que exige el artículo 277 de la Ley de Enjuiciamiento Criminal para su validez.

Es decir, es requisito indispensable un relato circunstanciado de los hechos que se consideran delictivos, incluso citando el lugar, día y hora en el caso de que se sepan. Algunos jueces han prescindido de esta exigencia ineludible, admitiendo querellas en las que el querellante no asume el relato de los hechos como propios, exponiéndose a la acusación de denuncia, sino que se remite a informaciones periodísticas de investigación, necesarias en una sociedad democrática pero que, en este contexto, solo pueden tener un efecto documental.

La reforma de Silvela contemplaba la posibilidad de que el que ha ejercitado la acción penal solicite el sobreseimiento de la causa y, de este modo, el tribunal ante quien formula tal petición, al dictar la resolución procedente, les tendrá expresamente por desistidos del ejercicio de sus acciones penales, aun en el caso de que no se acceda al sobreseimiento por ellos solicitado. Sin embargo, esto último no es posible cuando el único acusador es el que ha ejercitado la acción popular. Se le imponen las costas al ejercitante de acciones penales que haya solicitado la apertura del juicio oral y después presente unas conclusiones provisionales absolutorias. Incurre en responsabilidad penal el que, siendo parte acusadora, haga directamente o por medio de otras personas con ánimo de lucro u otro provecho cualquier proposición o anuncio de desistir de las acciones o atenuar su ejercicio.

El arraigo de la acción popular alcanzó su máxima expresión en la Ley del Jurado de 1888, cuyo artículo 69 establecía que:

> Cuando las partes acusadoras, en vista del resultado de las pruebas, soliciten la absolución completa de los procesados,

el presidente preguntará en alta voz si alguno de los presentes mantiene la acusación. Caso negativo, los jueces de derecho dictarán, sin más trámites, auto de sobreseimiento libre por falta de acusación. Cuando alguna persona, con capacidad legal suficiente, manifestase que hace suya la acusación, será tenido por parte como tal acusador, si además estuviese dispuesto a sostener en el acto su acusación, bien por sí mismo, si fuese letrado, bien valiéndose de uno que lo sea, y se continuará en todo caso el juicio sin interrupción ni retroceso, sin perjuicio de formalizar luego la representación de esta parte para los trámites ulteriores del procedimiento. Todo lo que resulte acerca de este incidente, se consignará en el acta respectiva.

Habitualmente, aquellos que ocupan los asientos reservados al público en los juicios penales son personas directa o indirectamente interesadas en su resultado, curiosos desocupados y, en su mayoría, jubilados que, sobre todo en invierno, acuden a refugiarse en un local confortable. Recuerdo que durante mi estancia en la fiscalía de Santa Cruz de Tenerife, cuando interrumpíamos las sesiones para tomar un café, alguno de los jubilados habituales más decidido se me acercaba para comentar las incidencias de los juicios que se acababan de celebrar. Reconozco que algunas de sus observaciones me parecían muy atinadas.

Doy fe de que en los años de la dictadura no se ejercitó ninguna acción popular porque se consideraba como desacato a la institución del Ministerio Fiscal y, por extensión, al sistema de justicia. En mis diez años de ejercicio como fiscal durante este periodo y tampoco en democracia, a pesar de haber intervenido en miles de juicios, que yo recuerde me encontré con una parte que hubiera ejercitado la acción popular. La situación permaneció, más o menos inalterable, hasta que su ejercicio se disparó con la aparición de un colectivo de funcionarios que se califica como sindicato y que se presenta en sociedad bajo la denominación Manos Limpias. Me parece conveniente detenerse en sus orígenes porque no hay que negar que ha sido el detonante de una proliferación de colectivos o personas jurídicas (incluidos los partidos políticos) que utilizan la acción popular como medio para judicializar conflictos de carácter político. Cualquier demanda o querella presentada contra una entidad bancaria o grupo empresarial, esté o no justificada, deteriora su imagen reputacional y le perjudica en el mundo de las cotizaciones bursátiles, sea cual sea el resultado de esta, y se trata de una realidad social que es ignorada por la Sala. En todo caso, es la resolución definitiva y hay que aceptarla porque es inapelable.

Lo cierto es que la acción popular ha recibido carta de naturaleza en el artículo 125 de nuestra Constitución, que establece que los ciudadanos podrán ejercer la acción popular y participar en la Administración de Justicia mediante la institución del jurado en la forma y con respecto a aquellos procesos penales que la ley determine. Es una forma de democracia participativa, junto con el jurado y la iniciativa legislativa popular que debe ser mantenida. No obstante, en el conocido como Pacto de Estado para la Justicia, se acuerda que en una futura Ley de Enjuiciamiento Criminal se abordará la modificación de la regulación del ejercicio de la acción popular y la acusación particular. El propio Tribunal Constitucional también ha llamado la atención sobre la necesidad de dotarla de un marco legal que la ajuste a los principios esenciales que rigen el procedimiento penal.

El Tribunal Constitucional abordó la cuestión relativa a si el concepto de ciudadanos al que se refiere la ley para legitimar el ejercicio de la acción popular se refiere exclusivamente a las personas físicas. En este sentido, sostiene que puede extenderse también a las personas jurídicas sin impedimento, pero sugiere algunas propuestas para reducir y evitar el abuso de una institución que pretende dotar al sistema de los instrumentos necesarios para que se administre recta e imparcial justicia.

En mi opinión se debe impedir el ejercicio de la acción popular a los partidos políticos porque necesariamente trasladan a la sede judicial conflictos y debates que en una sociedad democrática deben debatirse en el seno de las Cámaras legislativas mediante la utilización de los mecanismos que proporciona el sistema parlamentario (moción de censura, cuestión de confianza, reprobación y control del Gobierno) y, por supuesto, en las comisiones de investigación.

Respecto de las personas jurídicas (asociaciones, colectivos, fundaciones y otras formas de asociacionismo) pienso que habrá que tomar medidas restrictivas para aquellas formaciones que se dedican exclusiva y profesionalmente al ejercicio de la acción popular sin justificar ningún interés legítimo y, por supuesto, excluirles de la participación en el proceso cuando ya intervenga el Ministerio Fiscal o el acusador particular en el mismo. Esta propuesta está avalada por la reforma de la Ley de Enjuiciamiento Criminal operada por la Ley 38/02 de 24 de octubre (BOE 28/10/02) de reforma parcial de la Ley de Enjuiciamiento Criminal sobre el procedimiento para el enjuiciamiento rápido e inmediato de determinados delitos y faltas, y de modificación del procedimiento abreviado. La reforma del artículo 782.1 de la Ley de Enjuiciamiento Criminal establece: «Si el Ministerio Fiscal y el acusador particular solicitaren el sobreseimiento de la causa por cualquiera de los motivos previstos en la ley lo acordará el Juez».

La doctrina puede resumirse en la afirmación de que el legislador no ha querido conferir a la acción popular un derecho superior al de las otras partes conjuntamente consideradas. Estimó que con la presencia del Ministerio Fiscal y del acusador particular quedaba satisfecho el interés social y el interés individual del perjudicado por el delito. En la sentencia de 8 de abril de 2008 realiza una «matización» de esta doctrina para los asuntos políticos y de interés general, instaurando la que se conoce como doctrina Atutxa, nombre del entonces presidente del Parlamento Vasco. Finalmente, en diciembre de 2013, el pleno del Tribunal Constitucional validó esta doctrina, estimando que el cambio de criterio que implicaba respecto de la doctrina Botín no viola el principio constitucional de igualdad de todos los ciudadanos ante la ley (art.14). Viene a consagrar que en los asuntos de trascendencia política es suficiente con la existencia de la acción popular para abrir el juicio oral, con las consecuencias que estamos viviendo.

A estas alturas me parece que ha llegado el momento de explicar, en términos que estén al alcance de cualquier persona, sea o no conocedora del derecho, el contenido de los hechos que concurrían en las Diligencias de Investigación contra el entonces presidente del principal banco de España, Emilio Botín. La entidad había comercializado un producto financiero denominado «cesión de créditos», consistente en un acuerdo por el cual el acreedor transmite su derecho de crédito a un tercero, que se subroga en la posición de aquel. En este negocio jurídico, el acreedor original es denominado *cedente*, y el nuevo, *cesionario*.

Las cesiones de crédito fueron comercializadas por el Banco Santander a sus clientes entre 1987-1989. La Fiscalía investigó más de 47.240 operaciones con unos 3.500 titulares por un importe superior a los 2.600 millones de euros, a través de las cuales los clientes podrían haber cometido un posible delito fiscal. Los directivos del banco, con su presidente a la cabeza, estaban acusados de delitos fiscales que causaron un perjuicio patrimonial de 84 millones de euros. Por ello, Hacienda inspeccionó en 1991 el Banco Santander y otras entidades financieras al considerar que habían realizado operaciones opacas. En concreto, y según la prensa de la época, el Santander protagonizó 45.000 cesiones de crédito entre 1987 y 1991. En ellas captó unos 2.400 millones de euros, al mismo tiempo que provocó un agujero estimado a Hacienda de 48 millones de euros.

Emilio Botín y otros tres altos dirigentes de este banco fueron objeto de una investigación penal, en la que participaban como acusadores el Ministerio Fiscal y una asociación de defensa de los accionistas. Además, concurría una acusación popular. En la aplicación estricta del artículo 782.1 de la Ley de Enjuiciamiento Criminal, al no formular acusación el Ministerio Fiscal y los accionistas, procedía el archivo de las actuaciones (sentencia 1045/07, de 17 de diciembre). En síntesis, se les absolvió por estimar que no concurrían interés público que pudiera ser ostentado por la acción popular, lo que no deja de ser sorprendente, ya que la condena al presidente del primer banco de nuestro sector financiero impactaba inevitablemente sobre la estabilidad de nuestra economía.

Por el contrario, y de manera también insólita se estima que sí concurre este interés general en el caso de Atutxa, presidente del Parlamento Vasco que se negó a privar individualmente de su condición de parlamentarios a los pertenecientes a un grupo político declarado ilegal por el Tribunal Supremo. No se formuló acusación por el Ministerio Fiscal ni por acusación particular, y la sentencia absolutoria pronunciada por el Tribunal Superior del País Vasco fue revocada por el Tribunal Supremo, alegando que existía un interés público representado legítimamente por la acusación popular (sentencia de 16 de abril de 2008). Es el comienzo de la persecución judicial del independentismo y de las políticas que lo admiten como parte del pluralismo político. Una burda manipulación del derecho que terminó con una sentencia del Tribunal Europeo de Derechos Humanos que anuló la condena, si bien por razones formales.

Si la justicia emana del pueblo, como proclama nuestra Constitución, parece lógico admitir que los ciudadanos puedan ejercer la acción popular para la persecución de determinados delitos. Es una consecuencia lógica de la profundización democrática y del derecho de participación de los ciudadanos en la *res* pública. Si se ha admitido pacíficamente durante más de dos siglos, resulta inusual y hasta sospechoso que, con ocasión de procesos en los que se ven involucradas personas pertenecientes a la familia real, como una hija del anterior monarca, financieros o políticos cercanos al poder, se haya tratado de poner en duda su legitimidad. Dicho esto, no descarto que puedan hacerse algunas correcciones técnicas, meramente formales, para regular su ejercicio.

El legislador solamente ha puesto como cautela la posibilidad de que el juez exija una fianza a las personas que pretendan ejercitarla, si bien, de acuerdo con una reiterada jurisprudencia del Tribunal Constitucional, estas fianzas nunca pueden ser desproporcionadas, hasta tal punto de que conviertan en disuasorias para la pretensión de utilizarla. Salvado este obstáculo, corresponde a los jueces velar por que no se produzcan abusos o corruptelas en su ejercicio. El artículo 313 de la Ley de Enjuiciamiento Criminal les impone la obligación de rechazar de plano todas las querellas manifiestamente infundadas o cuyos hechos no sean constitutivos de delito.

Una aproximación al concepto de intereses generales puede extraerse de la Directiva 98/27/CE del Parlamento Europeo y del Consejo, de 19 de mayo de 1998, relativa a las acciones de cesación en materia de protección de los intereses de los consumidores, que lo define como aquellos que «no son una acumulación de intereses particulares que se hayan visto perjudicados por una infracción y que no excluyen las acciones ejercitadas por particulares perjudicados por la misma infracción». En los delitos relativos al mercado y a los consumidores, así como en todos los delitos societarios (art. 287.1 y 296 del Código Penal) se limita la persecución a la persona agraviada (concepto que, en mi opinión, equivale a ofendida o perjudicada), supliendo la representación legal o el Ministerio Fiscal las incapacidades para ejercer la acción en casos de representación o discapacidad jurídica. Asimismo, se abre paso a la acción pública cuando el delito afecte a los intereses generales o a una pluralidad de personas. Sin embargo, de forma incongruente y asistemática, el artículo 19 reitera que los ciudadanos de nacionalidad española podrán ejercer la acción popular, en los casos y formas establecidos en la ley, sin mencionar la posibilidad de su ejercicio por las personas jurídicas.

Esta opción me preocupa mucho más que las actividades procesales fraudulentas que pueden ser perfectamente controladas por los jueces. Disponen de instrumentos legales para aceptar o denegar querellas injustificadas y maliciosas interpuestas al amparo de la acción popular, por lo que su desaparición supondría un retroceso democrático y una desconfianza generalizada en un sistema judicial. Expulsemos del proceso a los que utilizan la acción popular de manera torticera, potenciando su ejercicio dentro de la legalidad, como instrumento para fortalecer los valores constitucionales en el seno de una sociedad plenamente democrática de ciudadanos participativos que se sienten comprometidos con la limpieza de las instituciones.

Es un hecho estadísticamente irrefutable que a partir de la aparición de Podemos como partido político y, sobre todo, al integrarse en un Gobierno de coalición con el PSOE, estas asociaciones, sucedáneas de la acción popular, han incrementado su actividad hasta el punto de que podríamos contabilizar casi medio centenar de querellas principalmente contra sus dirigentes (Pablo Iglesias e Irene Montero) y los de Cataluña en Común (Ada Colau). Cierto es que todas ellas han terminado siendo archivadas, salvo la que llevó a la expulsión del diputado de Podemos Alberto Rodríguez. También algunas asociaciones relacionadas con partidos de izquierda la han ejercitado, pero el desequilibrio es evidente.

Recientemente se ha reproducido la manipulación de la acción popular en estos casos, dirigida directamente contra el presidente del Gobierno por medio de personas interpuestas con objeto de conseguir su condena, la subsiguiente disolución de las Cortes y la convocatoria de elecciones generales. Nos encontramos ante una manifestación genuina de la maniobra político-judicial que se conoce con el nombre importado de *lawfare*. Tres querellas escalonadas mediante el ejercicio de la acción popular, con actores idénticos o similares a las del anterior periodo que se mueven en el espacio judicial como las ranas en un charco, han conseguido que se abran unas diligencias judiciales de tramitación interminable contra la esposa del presidente del Gobierno Begoña Gómez, por actividades universitarias perfectamente ajustadas a los estatutos de la Universidad Complutense. El juez Peinado ha decidido prolongarlas artificialmente, consciente de que sirven para desgastar al Gobierno y proporcionar material dialéctico a la oposición. La guerra contra el entorno familiar se ha extendido incluso al hermano del presidente por unos hechos cuya admisión a trámite desacreditan a la jueza de Badajoz que, como persona conocedora de las leyes, debe saber que estos en modo alguno pueden ser constitutivos de delito. La adjudicación de una plaza de funcionario en un concurso público puede ser impugnada por los demás concursantes acudiendo a la vía contencioso-administrativa, pero en ningún caso tienen relevancia penal. En un giro imprevisto para algunos pero incuestionablemente legal el juez Peinado ha considerado que la catarata de delitos que imputa a la esposa del presidente del Gobierno se debe tramitar por la Ley del Jurado.

En los últimos capítulos trataré en detalle estos y otros casos de naturaleza similar.

Cuando el debate, siempre pendiente, sobre la regulación de la acción popular estaba protagonizando y tensionando la vida política, el Grupo Parlamentario Socialista, el 10 de enero de 2025 presenta una Proposición de Ley Orgánica de garantía y protección de los derechos fundamentales frente al acoso derivado de acciones judiciales abusivas. La iniciativa me parece inoportuna y desafortunada, no solo por adoptar la forma de Proposición de Ley, con lo que evita los dictámenes del Consejo General del Poder Judicial y del Consejo de Estado (aunque estoy seguro de que enriquecería su contenido), sino también por el título alambicado que trata de envolver y disimular una restricción, casi absoluta, de la acción popular.

Se invoca para justificarla la Directiva 2024/1069 del Parlamento Europeo y del Consejo, de 11 de abril de 2024, relativa a la protección de las personas que se implican en la participación pública frente a pretensiones manifiestamente infundadas o acciones judiciales abusivas («demandas estratégicas contra la participación pública»). Todo ello a pesar de que el artículo 2 de la mencionada Directiva dispone, y así se reconoce, que no se aplicará a los asuntos penales ni al arbitraje y se entenderá sin perjuicio del derecho procesal penal.

En la Exposición de motivos se alude, y lo comparto, al «uso abusivo de la figura de la acusación popular» que emplean determinados colectivos no con el fin de aclarar posibles hechos delictivos, sino para atacar sistemáticamente a sectores sociales no afines y a adversarios políticos a través de procesos penales en los que de manera constante se vulneran sus derechos al honor y a la tutela judicial efectiva, y se producen filtraciones del contenido de la instrucción. Por último, se debe evitar el intento de influir sobre la Administración de Justicia, instando a los jueces y magistrados a posicionarse políticamente. La redacción actualmente vigente del artículo 101 de la Ley de Enjuiciamiento Criminal se limita a decir que la acción penal es pública y que todos los ciudadanos españoles podrán ejercitarla con arreglo a las prescripciones de la ley. Se propone una nueva redacción según la cual:

1. Los ciudadanos españoles que no sean ofendidos o perjudicados directos por el delito pueden constituirse en acusación popular en los casos y con arreglo a las prescripciones establecidas en esta ley.

2. También pueden constituirse en acusación popular los ciudadanos de cualquier Estado miembro de la Unión Europea que tengan su residencia en España, en los mismos términos que un ciudadano español y sujeto a las mismas prescripciones y límites.

3. En todo caso, las entidades y organizaciones privadas que tengan por objeto la protección o defensa de intereses difusos o generales relacionados con el bien jurídico tutelado en la norma penal podrán ejercer la acción popular en los términos previstos en la presente ley.

Nada que objetar a la extensión de esta posibilidad a los ciudadanos extranjeros residentes en España y a que las personas jurídicas que tengan como objeto social la protección de intereses difusos y generales puedan ejercitar la acción popular, y también comparto la prohibición de ejercitarla a los partidos políticos y asociaciones o fundaciones vinculadas con ellos. La Constitución establece, en el artículo 6, que los partidos políticos expresan el pluralismo político, concurren a la formación y manifestación de la voluntad popular y son instrumento fundamental para la participación política. Su campo de actuación discurre fundamentalmente en los órganos parlamentarios a través de las mociones de censura, de confianza, reprobación, los controles parlamentarios y las comisiones de investigación, por lo que no se deben judicializar sus debates y controversias. Si se intenta eludir la prohibición utilizando personas físicas o jurídicas encubiertas, se debe rechazar por considerar que existe un fraude de ley.

Me parece inaceptable e inconstitucional la reducción de las posibilidades de ejercitar la acción popular a once categorías de delito elegidas arbitrariamente sin tener en cuenta que nos encontramos ante una forma de participación de los ciudadanos en la vida pública que no puede ser coartada por el puro arbitrio del legislador que, por otro lado, no da razón alguna para excluir de la posibilidad de ejercitarla a todos los ciudadanos y en toda clase de delitos públicos.

Llama la atención que se excluya de la posibilidad de perseguir, mediante la acción popular, los delitos contra la Hacienda pública. La Exposición de motivos justifica la restrictiva lista de delitos contra los que se puede ejercitar la acción popular admitiéndola solamente para aquellos que merecen un especial reproche o que, por su repercusión social, resultan idóneos «para que los ciudadanos puedan defender una visión de la legalidad penal alternativa a la del Ministerio Fiscal, puede ser el caso de las infracciones que protegen intereses difusos o de los delitos de corrupción política como ejemplos más representativos». Los delitos de cohecho o de tráfico de influencias, en muchos casos, no producen una grave repercusión social. Contemplar la posibilidad de ejercitar la acción popular en los casos de los delitos de rebelión o los que corresponden a la Corte Penal Internacional (genocidio, lesa humanidad y crímenes de guerra) me parece una decisión preocupante que me hace dudar de la capacidad jurídica de los que han incluido estos supuestos entre las posibilidades de ejercitar la acción popular. Si cualquiera de estas situaciones (rebelión y delitos de lesa humanidad) se llega a hacer realidad y resulta necesario acudir a la acción popular, es que ha desaparecido la estructura institucional del Estado.

Sospechosamente, el debate sobre el ejercicio de la acción popular en los delitos contra la Hacienda pública surgió, hace no muchos años, con ocasión del caso Nóos y la acusación popular a la infanta Cristina. Su defensa sostenía que, no habiéndose ejercitado contra ella acusación por el Ministerio Fiscal o acusación particular, procedía aplicar la que se conoce como doctrina Botín, ya mencionada. El auto de la Audiencia Provincial de Baleares de 29 de enero de 2016 considera que dicha doctrina no es aplicable a la Infanta, acusada de ser cooperadora necesaria de un delito contra la Hacienda pública, porque considera que

la denominada "doctrina Botín" desnaturaliza la institución de la acusación popular, y no encuentra sustento ni en la norma procesal penal vigente ni en la voluntad del legislador. El bien jurídico protegido por el tipo previsto en el artículo 305 del Código Penal por el que se le acusa, es de naturaleza supraindividual, colectiva o difusa Por ello no puede estimarse que exista un único, concreto y determinado perjudicado encarnado por la Hacienda pública estatal.

En aquella ocasión la Abogacía del Estado esgrimió para oponerse a la acusación contra la infanta Cristina un argumento que podríamos calificar, como mínimo, de pintoresco y extravagante, para no perder el sentido del humor. Entendía que la expresión «Hacienda somos todos» era un simple eslogan publicitario, pero sin contenido jurídico. Llega a la asombrosa conclusión de que el fraude tributario es una cuestión que no afecta a los intereses generales.

Seguramente, para llegar a esta conclusión la Abogacía del Estado no tuvo en cuenta el contenido del artículo 3 de la Ley General Tributaria en el que se establece que «el sistema tributario se basa en la capacidad económica de las personas obligadas a satisfacer los tributos y en los principios de justicia, generalidad, igualdad, progresividad y equitativa distribución de la carga tributaria». Es prácticamente unánime la opinión de la doctrina sobre la finalidad de la punición penal del fraude tributario, que no es otra que la tutela de intereses supraindividuales de carácter colectivo que se cobijan bajo la idea de patrimonio de la Hacienda pública. El fraude fiscal afecta a la política pública y a la realización de una política redistributiva, impacta sobre la capacidad de las instituciones para ofrecer los diferentes servicios (educativos, sociales, sanitarios, becas, vivienda de protección oficial…) y, en definitiva, repercute sobre la mayoría de la población, especialmente sobre aquellos con menos recursos económicos. Por su parte, esperamos que los proponentes de la ley nos expliquen cuáles son las razones para excluir este delito de los que pueden perseguirse mediante el ejercicio de la acción popular.

Una posibilidad, que tendría que ser desmentida por el ministro de Justicia o por quienes defienden esta Proposición de Ley, sería que esta decisión se hubiera tomado para cercenar de raíz la querella presentada contra el rey emérito Juan Carlos, por estimar que ha cometido cinco delitos contra la Hacienda pública después de su abdicación, además de los otros cinco que habría consumado en su época de jefe de Estado y que, según las diligencias de investigación de la Fiscalía, cuatro de ellos habrían prescrito y el quinto estaría cubierto por el manto de la inviolabilidad. Me parece que la aclaración es urgente.

La dificultad de los ciudadanos para ejercitar la acusación popular queda nítidamente establecida en el nuevo artículo 104. Se exige a los que pretendan llevarla a cabo demostrar que actúan en virtud de un vínculo concreto, relevante y suficiente con el interés público tutelado en el proceso penal correspondiente. A tal efecto, al tiempo de personarse deberán acreditar ante la autoridad judicial la relación o vínculo personal, social o profesional con el interés público que motiva su intervención en el procedimiento, así como la relevancia y suficiencia de dicho vínculo. Es evidente que la demostración de este interés queda al albur de los jueces, aunque se exija además que se acredite documentalmente este vínculo. En definitiva, se elimina la legitimación de los ciudadanos, como personas físicas individuales, para ejercitarla.

La ley dispone que cuando no se formule acusación por el Ministerio Fiscal o por la acusación particular el proceso penal será archivado, no pudiendo continuar la causa solo con la acusación formulada por la acusación popular (la llamada doctrina Botín, ya mencionada) salvo por delitos en los que concurra un interés exclusivamente público (el caso de la doctrina Atutxa, como también se ha señalado). En la realidad y por lo expuesto anteriormente resulta prácticamente imposible demostrar la existencia de un interés exclusivamente público.

La culminación del cercenamiento drástico de la acción popular se contiene en el nuevo artículo 270 de la reforma de la Ley de Enjuiciamiento Criminal de 2025, que elimina la amplitud de su concesión a todos los ciudadanos españoles hayan sido o no perjudicados por el delito, como establecía su anterior redacción. Me parece temerario admitir la acción popular mediante denuncia ante el juez o el funcionario de policía. La única forma de restringir el ejercicio injustificado o fraudulento de la acción popular es la de exigir que se ejercite en forma de querella con un relato de hechos que en el caso de que resulten falsos, den lugar a una exigencia de responsabilidad penal por acusación o denuncia falsa sin ningún otro condicionamiento.

El artículo 277 bis de esta ley elimina la posibilidad de solicitar las diligencias que se deban practicar para la comprobación de los hechos. Con esta redacción se anticipa el propósito del legislador de eliminar hoy la posibilidad de que el querellante que ejercita la acción popular pueda participar en la tramitación de las diligencias o del sumario, relegándolo a la condición de un convidado de piedra que tiene que asistir impasible a la actividad investigadora del juez y que solo puede, una vez que se le dé traslado finalizada la tramitación, redactar un escrito de calificación acusatoria. La posición del legislador es draconiana cuando añade que «si pretendiese ejercitar la acción popular e instar la práctica de alguna diligencia, el órgano judicial tendrá dicha petición por no formulada». Sin embargo, para tomar esta decisión el juez no necesita motivación alguna.

La disposición transitoria única, que pudiera tener su justificación en los principios generales que rigen la retroactividad o no retroactividad de las leyes procesales, suscita, como es lógico, serias reticencias y desconfianzas por su aplicación a procesos en curso de notoria relevancia política. No existe ningún obstáculo para establecer que se aplicaría únicamente a los procesos que comiencen con posterioridad a la entrada en vigor de la ley. Se podía haber seguido las pautas que marcaron las disposiciones transitorias de la Ley de Enjuiciamiento Civil, en las que se establece, con carácter general, que los procesos en curso en el tiempo de su entrada en vigor se continuarán sustanciando hasta que recaiga sentencia, conforme a la legislación procesal anterior. Por ello, me parece que lo más adecuado sería retirar la Proposición de Ley.

Todo lo que está aconteciendo en torno a estos procedimientos y otras querellas anteriores contra dirigentes políticos no tendría lugar si los jueces, algunas veces con un evidente sesgo político, hubieran cumplido con lo dispuesto en la Ley de Enjuiciamiento Criminal que les obliga a desestimar la querella cuando los hechos en que se funda no constituyan delito o cuando sea manifiestamente infundada. Por eso me parece adecuado que la Proposición de Ley recuerde que cuando los hechos contenidos en el relato fáctico de la querella o denuncia, tal y como ha sido redactada, no sean susceptibles de ser subsumidos en ningún precepto penal, según el criterio razonado del órgano jurisdiccional competente debe ser rechazada. Asimismo, cuando a pesar de la posible apariencia delictiva y de la calificación jurídica inicial de los hechos que el querellante incluya en la querella (o denuncia) no se ofrezca en esta ningún elemento o principio de prueba que avale razonablemente su realidad, limitándose el querellante a afirmar su existencia, sin ningún apoyo objetivo atinente a los propios hechos. En este segundo supuesto, una interpretación de la norma ajustada al canon que informa el sistema constitucional de derechos y libertades conduce obligadamente a excluir la apertura de un proceso penal para la investigación de unos hechos de relevancia penal meramente sospechosa, es decir, una investigación prospectiva, que no aporte, a partir del conocimiento propio del querellante, un indicio objetivo de su realidad.

Si la Proposición de Ley sale adelante en los términos en que se ha presentado o en otros semejantes, se abre la posibilidad de que el Defensor del Pueblo haga uso de la facultad de presentar un recurso de inconstitucionalidad.

Parte III. ¿Cómo se juzga?

1. Apertura de diligencias penales. Investigación, imputación, acusación y celebración del juicio oral

Cualquier persona que se vea inmersa en un proceso penal por una querella o denuncia, más o menos fundada, inevitablemente siente una sensación de zozobra e inseguridad por el mero hecho de que sea admitida a trámite, aunque finalmente, en la mayoría de los casos, el procedimiento sea archivado. Cuando el hecho que da lugar a la apertura de unas diligencias de investigación tiene una cierta relevancia política o social por razón de los sujetos implicados, consecuentemente alcanza una notoriedad pública que trasciende a los medios de comunicación e incluso se utiliza como medio de confrontación en el debate político. En todo caso, la simple tramitación de unas diligencias penales impacta en el seno de las relaciones familiares, en las actividades profesionales y en el ámbito social.

Por ello, los jueces penales tienen la obligación legal de analizar, con rigor y sumo cuidado, los hechos que han motivado las denuncias y las querellas observando estrictamente las previsiones del artículo 313 de la Ley de Enjuiciamiento Criminal que obliga a rechazar de plano cualquier pretensión acusatoria que, en principio, no tenga caracteres delictivos o que sea manifiestamente infundada.

En nuestro sistema procesal la situación se agrava por la escasa o nula posibilidad de perseguir una acusación o denuncia falsa y, en su caso, un falso testimonio. Por lo menos, el legislador establece que las diligencias previas se tienen que tramitar con la máxima celeridad y, si no hay materia delictiva, proceder a su archivo.

Cuando la investigación judicial afecta a personas de relevancia política o social, aunque solo sean llamadas a declarar (tanto en la condición de imputadas como de testigos), despiertan un interés mediático, a veces desmesurado, con una concentración de cámaras y micrófonos que en el lenguaje coloquial se conoce como «pena de telediario». Ante las modernas técnicas de comunicación, el socorrido «secreto del sumario» ha pasado a ser una entelequia. La difusión televisiva o radiofónica de las declaraciones íntegras de una persona investigada o de los testigos puede llegar a provocar la nulidad de actuaciones por afectar al derecho de defensa y vulnerar el principio de presunción de inocencia. Los periodistas disponen de este material y pueden, como es lógico, publicarlo y, por supuesto, acogerse a secreto profesional. Pero las nuevas tecnologías también tienen sus mecanismos de protección y existen medios técnicos para detectar en las imágenes, mediante el mecanismo que se conoce como «manchas de agua», quién ha sido la fuente de difusión.

Las diligencias de investigación que sin duda han alcanzado una mayor relevancia y acumulado más decisiones estrambóticas son las que el juez Peinado ha seguido (y sigue) contra Begoña Gómez, esposa del presidente del Gobierno Pedro Sánchez. Infringiendo gravemente las exigencias legales que le obligaban a permitir que el presidente del Gobierno pudiese declarar por escrito, decidió montar un espectáculo hasta ese momento desconocido en la historia judicial española. En la parte final abordaremos, con más detenimiento, esta y otras decisiones judiciales que comprometen ante la opinión pública, nacional e internacional, su imparcialidad e independencia.

La frase «investigar ya es castigar» refleja la idea de Michel Foucault, expuesta en su obra *Vigilar y castigar*, de que las prácticas de vigilancia y control de las instituciones contemporáneas, en este caso, las funciones de investigación penal realizadas por los jueces de instrucción, que incluyen la posibilidad de adoptar medidas cautelares personales (prisión provisional, retirada de pasaporte, alejamiento) o materiales (embargos, fianzas) ya son una forma de castigar, aunque después se llegue al archivo de las actuaciones. Por ello, estas medidas deben adoptarse con ponderación de los males que conllevan y la necesidad de adoptarlas para el éxito de las investigaciones. En todo caso su impacto no solo afecta directamente al investigado, sino que incide también en sus relaciones personales, amistades y perjuicios a sus actividades económicas que inevitablemente se ven afectadas.

El Tribunal Constitucional nos recuerda que frente a las medidas de privación de libertad sigue rigiendo el principio de *favor libertatis* o de *in dubio pro libertate*. Conforme a este principio: la interpretación y aplicación de las normas reguladoras de la medida de prisión provisional deben hacerse con carácter restrictivo y a favor del derecho fundamental que tales normas restringen, lo cual ha de conducir a la elección y aplicación, en caso de duda, de la norma menos restrictiva de la libertad.

Las medidas que permiten la prisión provisional están taxativamente limitadas por la ley. Solamente procede la prisión provisional cuando exista un riesgo fundado de fuga, cuando sea necesaria para impedir la destrucción de pruebas o cuando por las circunstancias del hecho o de su autor exista una probabilidad fundada de que pueda cometer nuevos delitos o poner en riesgo a la víctima. Su duración está también limitada por la ley. En el caso de riesgo de fuga o repetición delictiva, su duración no podrá exceder de un año si el delito tiene señalada pena privativa de libertad igual o inferior a tres años, o de dos años si la pena privativa de libertad señalada para el delito fuera superior a tres años. No obstante, cuando concurran circunstancias que hagan prever que la causa no podrá ser juzgada en aquellos plazos, el juez o tribunal podrá acordar, mediante auto, una sola prórroga de hasta dos años si el delito tiene señalada pena privativa de libertad superior a tres años, o de hasta seis meses si el delito tuviera señalada pena igual o inferior a tres años. En el caso de condena, cuando la sentencia no es firme porque está pendiente de un recurso, se puede prorrogar hasta la mitad de la pena impuesta en la primera sentencia.

Como contrapunto, el legislador exige la máxima celeridad en la tramitación de las diligencias de investigación o de los sumarios. Ante algunas resoluciones judiciales de hondo calado político que estamos conociendo, la neutralidad e imparcialidad que se debe exigir a un juez le obliga a que la recopilación de elementos probatorios incluya los necesarios para poder configurar la existencia de una posible conducta delictiva, pero sin olvidar que también debe consignar todas aquellas circunstancias que le sean favorables.

Esta neutralidad y objetividad es la que distingue un proceso inquisitorial del debido proceso que se impone en los sistemas democráticos en virtud de los tratados internacionales de derechos humanos, como el Convenio europeo y el Pacto Internacional de Derechos Políticos que están, de hecho, incorporados a nuestra Constitución.

Toda la actividad judicial de investigación está orientada o bien a la conclusión de las diligencias con un archivo o sobreseimiento o bien encaminada a la apertura del juicio oral. Cuando la investigación se tramita bajo las normas que rigen el sumario, por ser los hechos delictivos acreedores de una pena de nueve o más años se concluye con el auto de procesamiento. En él se recogen los hechos que acreditarían la existencia de hechos delictivos y la posible autoría de uno o varios procesados. En el caso de que no se encuentre base probatoria se puede acordar el sobreseimiento. Si el juez estima que hay base para la apertura y celebración del juicio oral eleva el sumario al tribunal que ha de celebrarlo. Su decisión no es definitiva. Si el Ministerio Fiscal y las demás partes acusadoras solicitan la ampliación de la investigación o el sobreseimiento este podrá acordarse por el tribunal competente. En caso contrario se procede a la apertura del juicio oral y a la fijación de la fecha de su celebración.

2. La conformidad. Una forma de evitar todos los trámites del juicio oral

La conformidad es una práctica importada del sistema judicial estadounidense *(plea bargain)* que ha tomado carta de naturaleza en nuestro proceso penal. Se trata de una especie de confesión laica en la que la persona acusada de haber cometido un hecho delictivo sancionado con una pena por la ley terrenal reconoce, seguramente con resignación, los hechos que le imputa la justicia a cambio de un «arrepentimiento» que atenúa las consecuencias de sus «pecados». Para alcanzar este beneficio necesita entablar previamente unas negociaciones con el Ministerio Fiscal como institución que encarna la obligación constitucional de defender la legalidad y velar por el orden social.

El modelo ha llegado a los sistemas que, como el nuestro, se conocen como continentales en contraposición a los anglosajones, y está adquiriendo predicamento como fórmula que tiene como consecuencia un «premio» al que accede la conformidad por un pacto extraprocesal a espaldas del juzgador. Es una fórmula que ofrece más peligros que ventajas. Ya en el sistema anglosajón Lawrence M. Friedman, en *A History of American Law,* advertía que: «La justicia rápida y tosca se ha desplazado de la sala del juzgado a los pasillos del Palacio de Justicia, a los despachos de los jueces y a los bufetes de los abogados».[3] En nuestro sistema, de modo parecido, se ha sacrificado el principio de justicia en aras de la agilidad y rapidez

3 Traducción propia.

de los procedimientos. Como señala Luigi Ferrajoli, en *El Garantismo y la filosofía del derecho,* citando a Max Weber: la eliminación del juicio nos retrotrae y nos acerca peligrosamente a sistemas patriarcales o más propios de la justicia del cadí. La conformidad ha introducido, por muchas cautelas que quieran exponer sus panegiristas, la más inquietante incertidumbre en el mundo del derecho penal y en el principio de legalidad consagrado por la Constitución.

En el curso de una investigación judicial, la acumulación de pruebas incriminatorias sólidas contra la persona investigada provoca, lógica y racionalmente, la decisión del implicado (se supone que por consejo de su abogado) de solicitar del Ministerio Fiscal la posibilidad de llegar a un acuerdo sobre la pena que podría derivarse de un hecho inequívocamente delictivo. No dispongo de datos estadísticos contrastados, pero se puede asegurar que, a lo largo de un año judicial, pueden ser miles las peticiones de llegar a un acuerdo que termine con una resolución judicial acorde con los intereses del peticionario. En el caso de los delitos contra la Hacienda pública la cifra aumenta proporcionalmente puesto que se trata de un delito que admite pocas posibilidades de defensa cuando la inspección de la Agencia Tributaria, después de un laborioso y metódico procedimiento, ha llegado a la conclusión de que el fraude supera los 120.000 euros, límite de la frontera delictiva.

La solicitud de una conformidad en ningún caso puede considerarse como un secreto cuyo conocimiento interfiera en las diligencias de investigación en marcha o en las posibilidades de defensa de la persona que la toma. Existe un protocolo, firmado el 1 de abril de 2009 entre la Fiscalía General del Estado y el Consejo General de la Abogacía de España, que regula la forma en que deben desarrollarse las posibles conformidades. La Fiscalía ha dictado una instrucción para desarrollar el mecanismo de la conformidad. Las solicitudes dirigidas al fiscal por los abogados defensores deberán atenderse con la máxima rapidez y diligencia y se ofrecerá el contacto personal y directo en el tiempo mínimo imprescindible. Se trata de evitar un trámite burocrático forzoso y formal para la relación entre abogados y fiscales. Cuando existen perjudicados y víctimas, la conformidad no puede realizarse a puerta cerrada o en la clandestinidad. En este sentido, la conformidad debe realizarse con plena transparencia, según el Protocolo, sin perjuicio de que las negociaciones, intercambios de propuestas, regateos o ajustes, gocen de confidencialidad. El Protocolo admite que el acusado pueda retractarse en cualquier fase del procedimiento e incluso en el momento de dar comienzo a las sesiones del juicio oral, lo que pone de manifiesto que sus posibilidades de defensa permanecen intactas.

3. La Sala de Vistas, un escenario para una representación teatral de un suceso del pasado

La celebración del juicio oral se ajusta a una serie de ritos y ceremonias que están reguladas en la ley. Como veíamos en la introducción, de vez en cuando surgen imprevistos que pueden ser abordados sin rigidez, pero salvaguardando siempre las garantías y, sobre todo, el principio de igualdad de armas. Todo comienza con la solemne voz de «audiencia pública» y tras ella el presidente ordena o solicita, según su talante, al auxiliar judicial que conduzca al acusado a la sala si está en libertad.

Antes de llegar a este momento solemne antecede una serie de acontecimientos que la mayor parte de la gente ignora. En mis tiempos, la estructura de las Salas de Vistas eran diferentes a las actuales. Todas las Salas de Justicia tenían al otro lado del espacio público una denomina-da «saleta» que se comunicaba con una puerta de acceso a la sala principal. En ella los tres magistrados que iban a conformar el tribunal empleaban el tiempo previo en resolver asuntos urgentes y firmar diligencias de trámite o sentencias pendientes. El fiscal, revestido con su toga, entraba en el recinto por la misma puerta que el tribunal, movimiento que era contemplado tanto por los letrados que iban a intervenir como por los defensores. En algunos casos he escuchado su protesta por estimar que esto vulneraba el derecho de la igualdad de partes e incluso insinuaban un posible acuerdo previo con las tesis de la acusación. Puedo afirmar que la mayor parte de las veces las conversaciones se circunscribían a cuestiones de actualidad política, social, deportiva o acontecimientos familiares. Esta especie de privilegio del Ministerio Fiscal suscita hoy los recelos de los abogados defensores que, en ocasiones, han llegado a formalizar protestas individuales al Colegio de Abogados.

En la actualidad, y como también señalé en la introduc-ción, los modernos diseños de las Salas de Justicia, en las que se elimina el infamante «banquillo de los acusados» y se sustituye por una mesa con una jarra y vaso de agua y una silla, proporcionan una mayor seguridad y desen-voltura a la persona que se ve en el trance de ser enjui-ciada y expuesta a duras penas de cárcel. Puede parecer superficial, pero tiene indudables ventajas para reforzar el derecho de defensa. Además, según reglas internacionales recogidas en nuestra Ley del Jurado, los acusados deben estar sentados al lado de sus abogados para que puedan advertirles de posibles falsedades de los testigos así como de incorrecciones o inexactitudes de los informes periciales.

He celebrado miles de juicios y, como es lógico, he vivido multitud de acontecimientos, algunos divertidos y otros tensos, algunos de ellos ya expuestos. A continuación, me voy a referir solo a tres de los que me parecen más significativos. De uno de ellos solo tengo referencias fidedignas. En Barcelona, un magistrado presidente, autoritario de intemperante carácter y escasas luces, compartía sala con dos magistrados de Justicia Democrática. Estos casi siempre votaban en contra de su parecer, y les llegó a advertir que su criterio minoritario debía imponerse y que ellos formulasen un voto particular.

En otra ocasión, ya en la Audiencia Provincial de Madrid, presencié una escena que pudiera servir para una película de humor. Los fiscales subimos a juicio con un extracto del contenido, entonces del sumario, en el que se recogía sintéticamente todo lo que figuraba en las actuaciones. Nos servía como base para la acusación y para el interrogatorio de los testigos. Recuerdo que en aquel juicio se trataba la agresión a un digno componente de una institución hoy desaparecida, pero de mucha raigambre castiza en Madrid: los serenos. Los hechos eran claros porque los autores los habían reconocido. Comencé el interrogatorio y, sorprendentemente, la persona que se sentaba en el banquillo contestó que no sabía nada de lo que le estaba preguntando. Intensifiqué el interrogatorio ante lo que me parecía una actitud incomprensible, teniendo en cuenta lo que había confesado con anterioridad. Su respuesta nos desconcertó a todos. Se trataba de una persona que estaba en Carabanchel en tránsito para ser conducido a otra Audiencia. Nos aclaró que estaba preso por un asunto pendiente en Oviedo a donde debía ser trasladado para ser juzgado por un tema completamente distinto. Sin darle explicaciones, lo introdujeron en el furgón que debía trasladar a las personas que iban a ser juzgadas ese día.

La siguiente anécdota guarda una cierta similitud con la que he descrito de Barcelona. Entonces, el magistrado que presidía la sala, conocido también por su autoritarismo, al comenzar las preguntas sobre la identificación y filiación del acusado (en nuestro argot denominadas «generales de la ley») es decir, nombre, edad, residencia, profesión u oficio, a la vista de su abundante hoja de antecedentes le espetó: «Usted además de robar, ¿a qué se dedica?». Mal empezamos, comentaría para sí su abogado defensor.

También viví una situación muy tensa debido a los movimientos de protesta y reivindicación que se produjeron en nuestras cárceles. La Coordinadora de Presos en Lucha (COPEL) fue un movimiento político surgido a finales de 1976 y liderado por un grupo de los llamados presos sociales, cuyo objetivo era conseguir una amnistía o indulto general no solo para los activistas políticos y, asimismo, transformar y mejorar las condiciones de la vida dentro de las prisiones. Su protesta se plasmaba en lo que se conoce como «juicios de ruptura». Antes de comenzar las sesiones gritaban, forcejeaban con los agentes e insultaban a los miembros del tribunal y los fiscales, como ocurrió entonces. Los guardias se los llevaron a los calabozos. Una vez que se recuperó la calma, el secretario del tribunal procedió a levantar acta de lo sucedido. En resumen, describió todo lo que he dicho y puntualizó que «en un momento, los presos se dirigieron al tribunal y al fiscal llamándoles fascistas». El secretario llevó el acta para que la firmase el presidente (cuyo nombre no voy a revelar porque ha fallecido), quien la leyó y le precisó que «usted es el responsable de redactarla, pero que conste que para mí fascista no es un insulto».

Es inevitable que algunos juicios despierten un gran interés público y mediático. Antiguamente, esto se notaba en el número de personas que asistían a su celebración, como en el caso del cuádruple crimen cometido por José María Jarabo, persona muy integrada en la alta sociedad madrileña y condenado a muerte y ejecutado por el primitivo y bestial método del «garrote vil». La capacidad de la sala no era suficiente para albergar a las largas colas de personas que se formaba en la calle Marqués de la Ensenada. En tiempos más modernos y tecnológicos algunos juicios, como el de los independentistas catalanes y el de la Gürtel se televisaron en su integridad, pero la mayoría de los juicios solo interesan a curiosos profesionales y a los familiares y amigos del acusado o acusada.

La publicidad viene impuesta por todos los textos internacionales de Derechos Humanos y nuestra propia Constitución. El destacado revolucionario francés Honoré-Gabriel Riqueti, conde de Mirabeau, defendía la publicidad de los juicios como una garantía contra la arbitrariedad y la corrupción. Consideraba que el juez, incluso si fuera parcial o venal, estaría más limitado si sus decisiones debían hacerse públicas, ya que el público podía ejercer un control sobre él. Para Mirabeau, la publicidad era fundamental para la buena administración de justicia y la garantía de los derechos individuales.

Dentro del juicio penal tiene una especial relevancia la prueba testifical. Un aforismo nos recuerda que el juicio civil es el reino del documento y el juicio penal el reino del testimonio. Por ello, es fundamental para un buen jurista conocer y aplicar las teorías sobre el juicio crítico de los testimonios. Se debe huir de la valoración de los gestos, actitudes, titubeos o expresiones corporales de los testigos que pudieran denotar una cierta sensación de que se está faltando a la verdad. En un proceso con todas las garantías que exige una sociedad democrática solo se debe tener en cuenta el contenido de las expresiones orales, descartando cualquier elucubración sobre su mayor o menor serenidad o nerviosismo. Como diría Gila en una de sus memorables parodias, no basta con ponerse colorado para considerar que está faltando a la verdad.

La comentada absolución del futbolista Dani Alves, condenado en primera instancia por un delito de agresión sexual, nos proporciona unas pautas para que los ciudadanos se den cuenta de la dificultad de la valoración de la prueba. La sentencia absolutoria, redactada por una magistrada de incuestionable prestigio nos recuerda que:

> Lo cierto es que quienes asistieron al juicio vieron el desarrollo de este, hicieron las preguntas, pausas etc. que tuvieron por convenientes, y que, desde luego, en el juicio por la vía del art. 714 de la Ley de Enjuiciamiento Criminal se han introducido contradicciones en relación a declaraciones de instrucción, en las que sí se observan directamente

los gestos. Por otra parte, cabe señalar que la declaración oral es omnicomprensiva, las meras cuestiones de detalles gestuales no pueden enturbiar la valoración ni por el Tribunal de Instancia ni por el de Apelación.

Todavía subsisten, aunque su vigencia haya sido muy cuestionada dado que se consideran una vulneración del principio acusatorio, las previsiones del artículo 733 de la Ley de Enjuiciamiento Criminal, conocidas en nuestro mundo como «planteamiento de la cuestión». En mi larga trayectoria de desempeño en el Misterio Fiscal nunca tuve que enfrentarme a tan embarazosa situación. Si se produce, supone una especie de reprimenda o descalificación de la profesionalidad de las partes acusadoras. Juzguen ustedes el contenido del texto legal:

Si a la vista del resultado de las pruebas entendiere el tribunal que el hecho justiciable ha sido calificado con manifiesto error, podrá el presidente emplear la siguiente fórmula: «Sin que sea visto prejuzgar el fallo definitivo sobre las conclusiones de la acusación y la defensa, el tribunal desea que el fiscal y los defensores del procesado (o los defensores de las partes cuando fueren varias) le ilustren acerca de si el hecho justiciable constituye el delito de [...] o si existe la circunstancia eximente de responsabilidad a que se refiere el número [...] del artículo [...] del Código Penal.

Tanto la Exposición de motivos como la redacción del artículo recuerdan que esta facultad excepcional habrá de usarse con moderación. Si el fiscal o cualquiera de los defensores de las partes indicaren que no están suficientemente preparados para discutir la cuestión propuesta se suspenderá la sesión hasta el siguiente día. En el Anteproyecto de la nueva Ley de Enjuiciamiento Criminal esta posibilidad desaparece ya que, a mi entender, resulta inconstitucional al vulnerar el principio acusatorio. En este sentido, se ha producido una trascendental innovación en virtud de la Ley Orgánica 1/2025 sobre medidas para agilizar el funcionamiento de la Administración de Justicia. Se modifica el artículo 785 de la Ley de Enjuiciamiento Criminal, al introducir un trámite previo a la celebración del juicio oral. Se trata de la convocatoria de una audiencia preliminar, con todas las partes intervinientes. En ella tienen que manifestar su posicionamiento sobre una serie de cuestiones previas y, si confluyen y se llega a un acuerdo, puede dar lugar a que se dicte, inmediatamente y de forma oral, la sentencia que será después debidamente documentada. No obstante, cuando el juez, jueza o tribunal albergue dudas sobre si la persona acusada ha prestado libremente su conformidad, acordará la celebración del juicio. Esta novedad plantea, sin embargo, problemas de constitucionalidad, ya que se exige que las actuaciones judiciales sean públicas y no se ha previsto ninguna excepción.

Si el juicio se celebra, terminados los alegatos de las acusaciones y las defensas, el presidente preguntará a los procesados si tienen algo que manifestar al tribunal. Al que conteste afirmativamente le será concedida la palabra y el presidente cuidará de que los procesados, al usarla, no ofendan la moral ni falten al respeto debido al tribunal ni a las consideraciones correspondientes a todas las personas, así como que se ciñan a lo que sea pertinente, retirándoles la palabra en caso necesario. Se contaba en mis tiempos de fiscal que un procesado, al hacer uso de la palabra, se dirigió al tribunal diciéndole que no estaba de acuerdo con nada de lo que había dicho su abogado defensor.

4. La difícil tarea de juzgar y hacer ejecutar lo juzgado. La sentencia como desenlace del juicio oral y público

Todo el complicado engranaje de un procedimiento penal está pensado para desembocar en una resolución o sentencia que sea motivada, justa y, sobre todo, comprensible. La justicia es un ideal inalcanzable, tal como reconoció uno de los genios de la ciencia del derecho, Hans Kelsen, en su lección magistral titulada «¿Qué es la Justicia?» ya mencionada.

Hasta hace poco la función de juzgar, condenando o absolviendo, correspondía a órganos unipersonales (juzgados de lo penal) y a los tribunales (órganos colegiados). Nunca me pareció adecuado encomendar la función de juzgar a una sola persona, salvo en los llamados juicios rápidos con conformidad. Se elimina la imprescindible deliberación como fórmula para encontrar la decisión más adecuada. Parece que se ha tenido en cuenta esta deficiencia por lo que, siguiendo las pautas europeas, la Ley Orgánica 1/2025, de 2 de enero (que ya está en vigor), de medidas en materia de eficiencia del Servicio Público de Justicia corrige esta anomalía, como también se señaló anteriormente.

Los Tribunales de Instancia y el Tribunal Central de Instancia se configuran como órganos judiciales colegiados desde el punto de vista organizativo y se les atribuye el ejercicio de la potestad jurisdiccional, quedando suprimida toda referencia a los juzgados unipersonales. La ley incluye la posibilidad de que la instrucción de un determinado proceso penal o el conocimiento en primera instancia de un procedimiento de cualquier orden jurisdiccional corresponda conjuntamente a tres jueces, juezas, magistrados o magistradas del Tribunal de Instancia.

Antes de llegar a una decisión definitiva del caso ha sido necesario escenificar en la sala del juicio una reconstrucción de lo que aconteció, tiempo atrás, en la realidad, que como es lógico (salvo los casos de conformidad), se presenta y se enfoca desde versiones contradictorias. En el sistema acusatorio que preside nuestro proceso penal, la tesis acusatoria puede ser negada, total o parcialmente, por la defensa. En función de estas posiciones de partida se practican las pruebas, incluida la declaración del acusado. Tradicionalmente intervenía el primero, pero, en la actualidad, se ha abierto paso la tesis de que no solo tenga la última palabra, sino que sea interrogado después de haberse practicado pruebas testificales y periciales y de haberse examinado los documentos en los que se apoya la acusación y la defensa. Me parece una medida lógica que proporciona al acusado mayores posibilidades de defensa porque conoce, en su totalidad, todo el arsenal acusatorio que ha escuchado.

En las Salas de Justicia las personas que integran el tribunal ocupan una posición preeminente y en un plano superior sobre el ciudadano o la ciudadana que va a ser juzgado. Los testigos y peritos que van a comparecer y a verter sus testimonios o pericias se sitúan a la misma altura y ocupan, por turno, la misma silla que los acusados. Si estos últimos están en prisión preventiva acuden custodiados por efectivos de la Guardia Civil o de la Policía

Nacional y no pueden declarar esposados sin conculcar el derecho democrático a un debido proceso. Sus custodios deben estar situados a una cierta distancia. En los juicios por terrorismo o en el caso de acusados de extrema peligrosidad se puede y, de hecho, se utiliza una cabina, también llamada «jaula» (seamos sinceros) de cristal blindado. El Ministerio Fiscal, las acusaciones y los abogados defensores ocupan sitiales a la misma altura que el tribunal. El abogado defensor deberá estar al lado del acusado para poder aconsejarle sobre su actitud y sus respuestas. Todo esto es un gran avance, habitual en otros sistemas procesales e introducido en nuestro país por la Ley del Jurado.

A pesar de su antigüedad, las reflexiones y consejos que contiene la exposición de motivos de la Ley de Enjuiciamiento Criminal de 1882 tienen una plena vigencia y marcan las pautas que deben seguir los magistrados y magistradas que componen el tribunal. En su texto se puede comprobar la preocupación del legislador ante el excesivo intervencionismo del presidente del tribunal e incluso del resto de los componentes de la sala. En cierto modo amonesta «a los jueces que, animados de un espíritu receloso y hostil que se engendra en su mismo patriótico celo por la causa de la sociedad que representan, recogen con preferencia los datos adversos al procesado, descuidando a veces consignar los que pueden favorecerle». Con ello se va fabricando una verdad artificial que desvirtúa la esencia de la justicia. El equilibrio se impone, porque si la causa de la sociedad es, sin duda, sagrada, no lo son menos los derechos individuales que en una sociedad democrática son fundamentales y prioritarios.

El tribunal tiene que comportarse como un juez imparcial del campo de batalla, exento de las pasiones que enciende siempre la lucha en el ánimo de los contendientes. No es bueno que el tribunal descienda a la arena del combate para convertirse en acusador, porque se corre el riesgo de que la excitación del amor propio de los jueces ofusque o perturbe su inteligencia. Los magistrados deben permanecer durante la discusión pasivos, retraídos y neutrales, a semejanza de los jueces de los antiguos torneos, limitándose a dirigir con ánimo sereno los debates. Todo esto se decía en el siglo XIX y adquiere una más intensa vigencia en un Estado social y democrático de derecho como el que consagra nuestra Constitución.

El equilibrio, la tolerancia y las buenas maneras son las cualidades que debe reunir el presidente de un tribunal para dirigir ordenadamente el debate. Estas virtudes, como es lógico, no se aprenden por el simple conocimiento de los textos jurídicos. Dependen de diversos factores entre los que destaca la formación personal, la experiencia y, por supuesto el temperamento, el buen carácter y la educación de la persona que asume esta responsabilidad. Su forma de comportarse va a ser escrutada por los asistentes directos en la Sala de Vistas o, en muchos casos, por los televidentes. La exigencia constitucional de un juicio con todas las garantías no consiste solamente en la publicidad y en el cumplimiento de los trámites marcados por la ley, sino en la forma en que se desarrollan las actuaciones y en el equilibrio proporcional de oportunidades concedidas tanto a la acusación como a la defensa.

Durante mi ejercicio profesional en la Sala Segunda del Tribunal Supremo bajo la presidencia de Enrique Ruiz Vadillo tuve la oportunidad de escuchar a un abogado un elogio que siempre me ha acompañado cuando, en el curso de los años, tuve la oportunidad de presidir alguna sala. Nos dijo que el trato que recibía en el Tribunal Supremo era exquisito a diferencia del comportamiento de algunos jueces y magistrados en las instancias inferiores. Por poner un ejemplo reciente de un caso de gran trascendencia política y jurídica (el proceso contra los políticos independentistas catalanes) creo que el presidente de la Sala Segunda del Tribunal Supremo, Manuel Marchena, se comportó con notorio desequilibrio e incluso con cierta agresividad con los testigos de la defensa. Estos modales no han pasado desapercibidos para los abogados de los condenados que lo han planteado ante el Tribunal de Derechos Humanos de Estrasburgo como una vulneración del derecho a un juicio equitativo e imparcial. Ya veremos cuál es la decisión de Estrasburgo.

En un sistema acusatorio como el nuestro, el debate está abierto desde el principio. Cada una de las partes tiene que procurar, exhibiendo sus habilidades y estrategias, que las pruebas se decanten en favor de sus respectivas tesis. Estoy leyendo un libro que se titula *Borges y el Derecho* de Leonardo Pitlevnik en el que sostiene que un testigo goza de cierto grado de confiabilidad, no solo por el juramento previo sino por un hecho más básico, en apariencia, que nos lleva a considerar como verdadero aquello que se nos narra. Existe un paralelismo inquietante entre la actitud que adoptamos ante las percepciones y la que adoptamos ante los enunciados que nos son dirigidos. Afirma que lo que nos es narrado se traduce directamente como creído salvo que realicemos un trabajo de tipo cognitivo destinado a neutralizar ese efecto. En otras palabras, los jueces tenemos que hacer un juicio crítico del testimonio.

Finalizados los trámites probatorios, debe ofrecerse al acusado la posibilidad de ser interrogado para contestar a todo lo que se le pregunte, tratando de rebatir y anticiparse a los argumentos que previsiblemente van a exponer las acusaciones y las defensas. El Ministerio Fiscal, las partes acusadoras y los abogados defensores tienen la oportunidad de desarrollar una estrategia encaminada a convencer al tribunal de sus respectivas posturas. Juega, así, un papel relevante la elocuencia y la habilidad dialéctica para transmitir a los componentes del órgano que va a emitir la sentencia el convencimiento de la solidez de sus tesis. Según los casos, siempre queda la oportunidad de sembrar dudas razonables que inclinen a la absolución.

Terminadas las sesiones con la voz solemne y ritual de «Visto para sentencia», el tribunal se retira a deliberar sobre la decisión que se estima justa según lo que ha visto y escuchado durante el juicio oral. «Deliberar», según el diccionario, consiste en considerar atenta y detenidamente el pro y el contra de los motivos de una decisión antes de adoptarla, y la razón o sinrazón de los votos antes de emitirlos. La fase de deliberación puede ser breve, si existe acuerdo pleno sobre la decisión que corresponde, pero también puede complicarse y extenderse en el tiempo cuando cada uno de los componentes del tribunal discrepa o matiza las opiniones de los otros o cuando no existe acuerdo para lograr la unanimidad. En los casos en que una mayoría se incline por una decisión, pero existan votos discrepantes, esta postura se plasmará en un voto particular según la definición trasnochada de nuestra ley procesal, que se refleja mejor con la denominación de «voto disidente». En muchos casos, este posicionamiento refleja, con mayor precisión y rigor, la solución más ajustada a derecho y la más justa.

Un tribunal no es un ente abstracto. Se compone normalmente de tres personas, aunque pueden ser más y, en las ocasiones en las que la naturaleza del caso lo requiera, el total de los magistrados de una sala, es decir, el Pleno. Digan lo que digan, el factor humano puede ser decisivo. Precisamente por eso, la designación de las personas que componen una Sala de Justicia debe obedecer a unas pautas objetivas, rigurosamente predeterminadas. El desenlace de todo un proceso en cualquier ámbito jurisdiccional (civil, penal, contencioso-administrativo y social) se plasma en un texto escrito que adopta la denominación de sentencia.

Las sentencias tienen un formato legalmente establecido, pero dentro de sus previsiones pueden contener observaciones o valoraciones al margen de la cuestión debatida que dentro de nuestra jerga se conocen como un *obiter dicta*. Como podrá comprobar el lector que amablemente me haya seguido hasta este punto, soy contrario al uso y por supuesto al abuso de los *latinajos*, pero me permito esta excepción por el tributo que los juristas debemos al derecho romano. La expresión *obiter dicta*, traducida literalmente significa, según los diccionarios, «cuestión que se aborda en una resolución judicial de manera tangencial para corroborar o ilustrar la decisión que se toma, con la que no está, sin embargo, directamente relacionada». Cuando la cuña lingüística se aparta de estas previsiones pueden incurrir en excesos intolerables que merecen el reproche y la crítica e incluso pueden motivar su anulación.

La motivación de las sentencias es un imperativo constitucional que es, a la vez, la única forma de legitimar el poder de decidir que nos otorga la Constitución a los jueces por el simple hecho de haber aprobado unas oposiciones. Las personas que acuden a las sedes de los juzgados y tribunales en demanda de justicia tienen el derecho a recibir una respuesta en términos claros y comprensibles que les explique por qué se ha tomado una determinada decisión. El legislador es consciente de que, en algunos casos, las sentencias adolecen de serias carencias en su redacción, por lo que se abre la posibilidad de su aclaración. La falta de motivación o una motivación insuficiente o incongruente puede originar, como veíamos, su anulación.

En principio las sentencias, una vez firmadas y notificadas a las partes, son inamovibles como si estuviesen dotadas del don de la infalibilidad. Pero el propio legislador puede recapacitar y admitir la existencia de errores materiales y de pasajes oscuros concediendo a las partes, con carácter excepcional, un denominado recurso de aclaración. Los errores materiales, cambios de nombres o alteración de cantidades aritméticas que pueden influir en la calificación y en la pena se pueden corregir directamente por el tribunal que ha dictado la sentencia.

La Ley Orgánica del Poder Judicial, en su artículo 267 establece, con carácter general para todos los órganos jurisdiccionales, la posibilidad de variar las resoluciones que se pronuncien después de haber sido firmadas para aclarar algún concepto oscuro que pueda originar incomprensión o incertidumbre. Asimismo, si se hubieran omitido manifiestamente pronunciamientos relativos a pretensiones oportunamente deducidas y sustanciadas en el proceso, el tribunal dictará auto por el que resolverá completar la resolución con el pronunciamiento omitido o por no haber lugar a completarla, pero sin modificar ni rectificar lo que hubiere acordado.

La jurisprudencia califica acertadamente estas sentencias como «incompletas». Ante este defecto se abren dos posibilidades: rectificar o acudir a un recurso ante la instancia superior. Por ejemplo, si en un proceso civil de divorcio se ha pedido la privación de la patria potestad de uno de los cónyuges y el juez omite pronunciarse sobre este extremo, la sentencia incurre en un defecto que debe ser subsanado sin necesidad de obligar a la parte afectada a utilizar la vía del recurso, con el consiguiente coste temporal y económico, obligándole a un recorrido procesal desalentador y tortuoso. Nos encontraríamos ante un comportamiento judicial que, en algunos casos, podría dar lugar a responsabilidad civil de los que hubieren dictado la resolución defectuosa.

Las resoluciones judiciales deben ser claras y entendibles por las personas que sin conocimientos jurídicos han decidido encomendar a los técnicos la iniciación y tramitación de un proceso. Para alcanzar el ineludible compromiso con la claridad de los términos que impone la función de juzgar se debe huir de las expresiones rebuscadas o exclusivamente técnicas. Yo recomendaría a todas las personas que ejercen la función jurisdiccional la lectura de un pasaje del *Quijote* en el que el Caballero de la Triste Figura aconseja a Sancho Panza sobre el comportamiento que debe observar para gobernar la ínsula Barataria: «Al que has de castigar con obras no trates mal con palabras, pues le basta al desdichado la pena del suplicio sin la añadidura de las malas razones. Nunca te guíes por la ley del encaje que suele tener mucha cabida con los ignorantes que presumen de agudos».

Durante mi ejercicio de la función judicial en la Sala Segunda del Tribunal Supremo recibimos un sarcástico escrito de un letrado en el que, para justificar la interposición de un recurso de aclaración nos decía, y cito casi textualmente: «El que suscribe este recurso es letrado, se ha leído la sentencia y más o menos la ha entendido, se la ha dado a su cliente y este dice que no ha entendido nada y pide que se la aclaren». Siguiendo con el *Quijote:* «Llaneza, amigo Sancho».

Las sentencias deben ajustarse a una estructura que viene marcada por la ley. Expresará –tras un encabezamiento, en párrafos separados y numerados– los antecedentes de hecho, hechos probados (en su caso), los fundamentos de derecho y, por último, el fallo. Lo esencial para la validez de una sentencia pasa por la congruencia, es decir, la conformidad entre los pronunciamientos del fallo y las pretensiones de las partes formuladas en el juicio. La sentencia debe ser redactada de forma coherente y lógica, concreta y no abstracta, de tal manera que exista una armonía entre las distintas partes que la componen y los puntos que son analizados en la misma.

Los pilares sobre los que se sustenta una sentencia son los hechos probados. Sin ellos es imposible construir una resolución que pueda tener efectos jurídicos. Una vez que se han establecido los hechos, sobre ellos se puede construir un relato armónico que complemente su contenido con razonamientos jurídicos que desemboquen en una resolución de efectos en la realidad. En el campo del derecho penal, si la sentencia estima que los hechos en los que se fundamentan los escritos de las acusaciones no se han probado lógicamente, se debe acordar una sentencia absolutoria. En la realidad pueden darse casos en los que, partiendo de la existencia de un relato de hechos de contenido incriminatorio, puede haber una discordancia entre los mismos y la calificación jurídica que las acusaciones presentan al juez o al tribunal.

A pesar de la imperativa vigencia del texto constitucional que exige que las sentencias serán siempre motivadas (art. 120.3), todavía subsiste la posibilidad de que algunos tribunales (espero que pocos), reacios a los valores constitucionales, actúen con unos criterios todavía amparados por la legislación vigente que les permiten apreciar, según su conciencia, las pruebas practicadas en juicio (art. 741 de la Ley de Enjuiciamiento Criminal). Así, después de escuchar las alegaciones formuladas por las acusaciones y las defensas, pueden proceder con una cierta libertad de criterio.

No me resisto a contar el caso de una sentencia de los años sesenta del siglo pasado dictada por un juzgado de Almería en una situación política muy frecuente durante la dictadura. El régimen, cuando surgía algún conflicto que alteraba el férreo control de la seguridad pública, como las huelgas de los mineros asturianos o situaciones semejantes, acudía al comodín de la reivindicación de Gibraltar español. Las campañas impregnadas de fervor patriótico eran replicadas machaconamente en la denominada Prensa del Movimiento y reforzadas por la Radio Nacional de España y por todas las emisoras que debíamos sintonizar obligatoriamente a la hora de los informativos (también llamados «partes»). El SEU (Sindicato

Español Universitario) movilizaba a los estudiantes para que nos manifestásemos jaleando el eslogan del grito reivindicativo. Que conste que participé convencido de la legitimidad de nuestra protesta. Recuerdo una manifestación en Valladolid que pasó por delante del Hotel de Inglaterra y obligó a su propietario a salir al balcón y a prometer que iba a cambiar el nombre (aunque naturalmente nunca se llevó a cabo). En este contexto, el juez de Almería que mencionaba, enardecido por el clima patriótico del españolismo herido, dictó una sentencia en un pleito civil promovido por una ciudadana británica en la que se resolvía el caso expeditiva y sintéticamente con el siguiente «argumento»: «Considerando que la señora Lewin es inglesa y que por tanto no puede tener razón». Sustanciaba de este modo el litigio sin necesidad de mayores razonamientos.

La gran innovación del sistema de justicia que impone nuestro texto constitucional, al consagrar el derecho a un juicio con todas las garantías, pasa por la motivación fundada y racional de la existencia de los hechos que se consideran probados y de la legislación aplicable a los mismos. Ese juicio de valoración debe contenerse en la sentencia bajo pena de nulidad. Cualquiera que sea el método (inductivo o deductivo) que se emplee tiene que presentar una relación lógica entre la valoración de las pruebas y los hechos que de ellas se desprenden. Hoy los tribunales no pueden sustraerse a la ineludible obligación de señalar cuáles han sido las razones de la valoración probatoria que han llevado a establecer unos determinados hechos como verdaderos, otros como no probados y algunos como dudosos que obligan a inclinarse, en su caso, por la absolución.

Los principales soportes que sostienen una sentencia se derivan de los elementos probatorios que se han utilizado. Nuestro sistema procesal contempla tres posibilidades probatorias: los testigos, los peritos y los documentos (que actualmente también incluyen grabaciones). Su propuesta y su potencialidad probatoria varía según los casos. En un conflicto en el que intervienen varios contendientes en un local público o en la calle que termina, lamentablemente, con lesiones o muerte lo fundamental son los testimonios de las personas que han presenciado el desarrollo y el desenlace de los hechos. Sin embargo, en un delito contra la Hacienda pública, la prueba testifical se hace prácticamente innecesaria, aunque también se pueda utilizar. Lo esencial se contiene en el expediente sancionador que ha abierto la Agencia Tributaria a la persona a la que se le imputa la comisión de un hecho de esta naturaleza. Por otro lado, en los casos de accidentes o grandes catástrofes, como en el accidente del tren de alta velocidad a la entrada de la estación de Santiago de Compostela, la decisión judicial se tomó en función de los dictámenes de los peritos. Del mismo modo, si algún día llega a juicio lo sucedido en las residencias de mayores de la Comunidad de Madrid o de cualquier otra autonomía, o las diligencias penales abiertas recientemente por los efectos catastróficos de la DANA en la Comunidad Valenciana, los informes periciales resultarán decisivos, como también lo serán tras la ola de incendios que ha asolado gran parte de nuestro territorio.

Para profundizar en la intrincada tarea de la valoración de los hechos recomiendo como libro de cabecera para los que se dedican a la profesión de juristas la magna obra de Michele Taruffo titulada *La prueba de los hechos*.

En el capítulo tercero el autor reflexiona sobre la verdad, su verosimilitud y la probabilidad de su concreción y existencia y advierte que el problema de la determinación de la verdad de los hechos en el proceso es complejo. Continúa señalando que hay que valorar los testimonios en función de su posibilidad de encajar con la realidad de los hechos. La probabilidad es un criterio muy cercano, pero algunas veces se confunde, dado que parte de la incertidumbre que suscita algún elemento probatorio. En definitiva, la prueba analizada o bien goza de una gran dosis de probabilidad o, por el contrario, carece de ella. Si no se consigue un acercamiento a la realidad o las pruebas carecen de verosimilitud o no es probable que se hayan producido los hechos tal como se narran, ni tampoco se contienen en documentos y pericias, no queda otra opción que aplicar la duda razonable que, en el caso del proceso penal, nos llevaría a una decisión absolutoria.

El desarrollo de las sesiones del juicio oral y resto de actuaciones orales es grabado, y la oficina judicial deberá asegurar la correcta incorporación de la grabación al expediente judicial electrónico. Si los sistemas no proveen expediente judicial electrónico, el letrado o letrada de la Administración de Justicia deberá custodiar el documento electrónico que sirve de soporte a la grabación.

Hace ya mucho tiempo, mis colegas franceses me ponían de relieve la extrañeza que les producía la excesiva extensión de las sentencias españolas frente a la mayor concisión de las suyas. El mal se ha agravado ante la facilidad de acceder a las bases de datos de jurisprudencia que incitan a la tentación de inundar el texto con una verdadera catarata de citas que nada aportan a la esencia de la sentencia. Sin embargo, acabo de conocer con gran satisfacción que una jueza ha escrito a los hijos de un matrimonio que solicitó el divorcio explicándoles las razones por las que habían acordado conceder la custodia a su madre. Esta labor pedagógica es fundamental para que el ciudadano tome conciencia de las dificultades de la función de juzgar y, al mismo tiempo, manda el mensaje de que las instituciones y los poderes del Estado se deben a los ciudadanos.

5. El Tribunal del Jurado. Otra forma de juzgar

El jurado puede y debe ser un instrumento que favorezca el conocimiento más profundo de las dificultades y retos que conlleva la función de juzgar y, a su vez, es útil para lograr la reconciliación entre la sociedad y el derecho. Los sectores más reaccionarios de nuestra sociedad siempre fueron contrarios a la institución del jurado popular porque se sentían más seguros ante la magistratura profesional, integrada por personas que normalmente compartían espacios de convivencia social y personal, que frente a la incertidumbre de los jurados que les tocasen en suerte. Los miembros del Jurado, por obra y gracia de nuestra Constitución se convierten en personas investidas de la potestad de juzgar junto con sus compañeros, de tal manera que el veredicto de culpabilidad o de inocencia produce los mismos efectos que una resolución de los juzgados y tribunales profesionales.

La fortaleza, la ética y el sentido común anidan en la mayoría de las personas. Nadie es superior a nadie en la búsqueda de la justicia. El factor humano es el motor que pone en marcha y activa, en el interior de cada persona, los sentimientos más nobles, entre los que se encuentra la serenidad de juzgar despojándose de las pasiones. Como dicen al prestar juramento, «sin afecto ni odio».

Es cierto que muchas personas tratan de eludir su participación en el jurado alegando excusas legales y otras al margen de la legalidad como podría ser la objeción de conciencia. Las excusas legales no alcanzan a quienes tengan «reservas sobre la asunción de la carga que supone condenar a un semejante», porque la objeción de conciencia «debe tener su base en una convicción íntima, éticamente aceptable, como la profesión de ideas pacifistas», sin que quepa

> fundamentar el rechazo a formar parte de un jurado en la oposición a la existencia de un sistema punitivo porque el sistema procesal, inspirado en los principios garantistas de una sociedad democrática, le ampara en el momento de resolver sus dudas. Comprendo que puede resultar una carga pesada y no deseable, pero el ciudadano debe afrontarla como lo hace con la participación en las mesas electorales o cuando contribuye al sostenimiento de los gastos públicos mediante el pago de impuestos (Exposición de Motivos de la ley del Jurado, 1995).

La institución del jurado se remonta en nuestra historia constitucional al Estatuto de Bayona de 1808 y se mantiene, con unas u otras características, en todas las constituciones salvo en los interregnos dictatoriales. En mi opinión, la norma que aborda de manera más completa la institución del jurado es la Ley de 24 de abril de 1888 que estuvo vigente hasta el año 1923. El Tribunal del Jurado se componía de 12 jurados y de tres magistrados o jueces de derecho y se reunía periódicamente para conocer los delitos que determinaba esta ley. Los pocos estudios que existían en nuestro país en esos momentos sobre la psicología de los juzgados llegaron a una conclusión bastante significativa: en las Salas de Justicia seis jurados se situaban detrás del fiscal y de las partes acusadoras, y otros seis detrás de las defensas y no se sabía por qué extraño mecanismo psicológico cada uno de los dos sectores tenía la tendencia de adoptar las tesis de las partes que tenían más cercanas. La competencia del Tribunal del Jurado era mucho más amplia que en la actual regulación. En su artículo cuarto abría un amplio abanico de competencias:

El Tribunal del Jurado conocerá:

1.° De las causas por los delitos siguientes: Delitos de traición. Delitos contra las Cortes y sus individuos y contra el Consejo de Ministros Delitos contra la forma de gobierno. Delitos de los particulares con ocasión del ejercicio de los derechos individuales garantizados por la Constitución. Delitos de los funcionarios públicos contra el ejercicio de los derechos individuales garantizados por la Constitución. Delitos relativos al ejercicio de los cultos. Delitos de rebelión. Delitos de sedición. Falsificación de la firma ó estampilla Real, firmas de los Ministros, sellos y marcas. Falsificación de la moneda. Falsificación de billetes de Banco, documentos de crédito, papel sellado, sellos de Telégrafos y Correos y demás efectos timbrados, cuya expendición está reservada al Estado. Falsificación de documentos públicos, oficiales y de comercio y de los despachos telegráficos. Falsificación de documentos privados. Abusos contra la Honestidad, cometidos por funcionarios públicos. Cohecho.

Malversación de caudales públicos. Parricidio. Asesinato. Homicidio. Infanticidio. Abortos. Lesiones producidas por castración ó mutilación, ó cuando de sus resultas quedare el ofendido imbécil, impotente ó ciego. Duelo. Violación. Abusos deshonestos. Corrupción de menores. Rapto. Detenciones ilegales. Sustracción de menores. Robos. Incendios. Imprudencia punible, cuando si hubiera mediado malicia el hecho constituiría alguno de los delitos aquí enumerados.

2.º De las causas por delito cometido por medio de la imprenta, grabado u otro medio mecánico de publicación, exceptuando los delitos de lesa majestad y los de injuria y calumnia contra particulares. Se considerarán para este efecto como particulares los funcionarios públicos que hubiesen sido injuriados ó calumniados por sus actos privados.

Art. 5.º Se exceptúan de lo dispuesto en el artículo anterior los delitos cuyo conocimiento corresponda al Tribunal Supremo, según la Ley Orgánica del Poder Judicial.

He reproducido literalmente, a pesar de su extensión, lo que decía la ley porque, en definitiva, se encomendaba al jurado la mayor parte de los delitos que tenían un interés político y social relevante, a diferencia de la actual regulación que recorta, a mi entender en exceso, las competencias del jurado.

Los requisitos para ser jurado eran parecidos, pero adaptados a la época. Resalto una exclusión que refleja las circunstancias de los tiempos: «No podrán ser jurados los que hubieren sido socorridos por la Beneficencia pública como pobres de solemnidad durante el año en que se hiciesen las listas generales de jurados». Del mismo modo podían excusarse los mayores de sesenta años. Además, me parece relevante que el cura párroco y el maestro de instrucción primaria más antiguo de la población donde se constituían formasen parte de las Juntas del Partido o Distrito para confeccionar las listas. Existía, también entonces, la posibilidad de la conformidad. En el caso de que continuase el juicio, al finalizar, el presidente entregaba las preguntas a los jurados, formuladas con precisión y claridad, que se consideraban necesarias para determinar la culpabilidad o la inocencia, así como las relativas a la concurrencia de circunstancias modificativas de la responsabilidad criminal. A su vez, y como ya hemos destacado al abordar la acción popular, en el caso de que se retirasen las acusaciones, el presidente se podía dirigir a los asistentes por si alguien quería mantener la acusación en nombre del pueblo.

La República restauró esta institución, suspendida después del golpe militar por la Junta de Defensa Nacional que entonces presidía el general Cabanellas. En ningún momento fue derogado, pero realmente los efectos fueron semejantes. Publicada la Constitución y restablecido el Tribunal del Jurado, se observó una cierta reticencia o pereza para regularlo y ponerlo en funcionamiento. Hubo que esperar hasta el año 1995 para que entrase en vigor una institución que es, en definitiva, la más genuina manifestación de democracia participativa.

La ley se tramitó en medio de un debate en el que afloraron reticencias y oposición a la institución procedente de sectores de muy diversos signos. Por un lado, los partidarios del golpe militar trataban de vender la regulación de una institución democrática, equiparándola a los jurados populares que instauró la República e ignorando, como siempre, que en ellos participaban tres magistrados. Por otro, los sectores que yo calificaría como elitistas del mundo judicial, argumentaban que solo ellos estaban ungidos para administrar justicia. Incluso juristas de inequívoca vocación democrática aventuraban que no era una institución necesaria porque España no tenía experiencia sobre su funcionamiento y solo lo conocíamos a través de los telefilms y las películas norteamericanas.

Por supuesto también ignoraban que la vigencia de la Ley de Jurado de 1888 se mantuvo durante treinta y cinco años y fue analizada, porque así lo imponía el Estatuto, en las Memorias anuales de todas las Fiscalías de España, que debían dedicar un apartado específico al funcionamiento del jurado en sus respectivas provincias. He tenido la oportunidad de leer algunas de ellas. En unas se atacaba, con un cierto desdén, al jurado y en otras se elogiaba la institución porque consideraban que había sido positiva para el reforzamiento de la creencia de los ciudadanos en la Administración de Justicia.

Como se recuerda en la Exposición de motivos de la Ley de 22 de mayo de 1995, nuestro texto constitucional cumple con lo que puede considerarse una constante en la historia del derecho constitucional español: cada periodo de libertad ha significado la consagración del jurado, como en la Constitución de Cádiz de 1812, y en las de 1837, 1869 y 1931 y, por el contrario, cada época de retroceso de las libertades públicas ha eliminado o restringido considerablemente este instrumento de participación ciudadana, en paralelo y como complemento a las restricciones del conjunto de sus derechos.

En mi opinión, la ley contiene avances procesales en cuanto a la forma de celebrar los juicios que deberían extenderse a toda clase de procedimientos, pero reduce, en relación con la ley de 1888, el número de delitos competencia del jurado. Por otro lado, establece la novedad de que se pueden celebrar juicios de jurado contra los aforados tanto en el Tribunal Superior de Justicia como en el Tribunal Supremo. La actual competencia se reduce a: homicidio, amenazas, omisión del deber de socorro, allanamiento de morada, infidelidad en la custodia de documentos, cohecho, tráfico de influencias, malversación de caudales públicos, fraudes y exacciones ilegales, negociaciones prohibidas a funcionarios e infidelidad en la custodia de presos.

Respecto de su composición, se ha optado por un número impar: nueve jurados. Se estima que así no existe la posibilidad de que se produzcan empates. Considero, sin embargo, que la ampliación a 12 habría enriquecido la deliberación y, en caso de empate, debería entenderse como favorable al acusado. Asimismo, existe una contradicción conceptual sobre su función que los profanos podrán entender perfectamente. Por su parte, el artículo 3 establece que los jurados emitirán veredicto «declarando probado o no probado el hecho justiciable». Sin embargo, cuando se les toma juramento para desempeñar su cargo, la fórmula es la siguiente: «¿Juran o prometen desempeñar bien y fielmente la función del jurado, con imparcialidad, sin odio ni afecto, examinando la acusación, apreciando las pruebas y resolviendo *si son culpables o no culpables de los delitos* objeto del procedimiento los acusados, así como guardar secreto de las deliberaciones?».

Aunque esto parezca irrelevante, implica adoptar una medida que supone reconocer la trascendencia para la mejor defensa, la proximidad y comunicación directa entre el acusado y su abogado. Si el acusado considera que el testigo está mintiendo o tergiversando la realidad se lo puede indicar al letrado para que formule preguntas que lo pongan al descubierto. Introduce, como un trámite necesario y clarificador, las alegaciones previas de las partes al jurado. Después, el juicio comenzará mediante la lectura por el secretario de los escritos de calificación. Seguidamente, el magistrado-presidente abrirá un turno de intervención de las partes para que expongan al jurado las alegaciones que estimen convenientes, a fin de explicar el contenido de sus respectivas calificaciones y la finalidad de la prueba que han propuesto. En tal ocasión podrán proponer al magistrado-presidente nuevas pruebas para practicarse en el acto, resolviendo este tras oír a las demás partes que deseen oponerse a su admisión.

El magistrado que vaya a presidir el Tribunal del Jurado dictará un auto cuyo contenido se ajustará a las siguientes reglas: precisará, en párrafos separados, el hecho o hechos justiciables y expondrá en párrafos separados los hechos que configuren el grado de ejecución del delito y el de participación del acusado, así como la posible estimación de la exención, agravación o atenuación de la responsabilidad criminal.

El portavoz someterá a votación cada uno de los párrafos en que se describen los hechos, tal y como fueron propuestos por el magistrado-presidente. Los jurados votarán si estiman probados o no dichos hechos. Para ser declarados tales, se requieren siete votos al menos cuando fuesen contrarios al acusado, y cinco votos cuando fuesen favorables. La votación será nominal, en alta voz y por orden alfabético, votando en último lugar el portavoz. Si tras la deliberación no les hubiese sido posible resolver las dudas que tuvieran sobre la prueba, deberán decidir en el sentido más favorable al acusado.

Ninguno de los jurados podrá abstenerse de votar. Si alguno insistiese en abstenerse después de ser requerido por el portavoz, se hará constar en acta y, en su momento, será sancionado por el magistrado-presidente con una multa. Si, hecha la constancia y reiterado el requerimiento, persiste la negativa de voto, se dejará nueva constancia en acta de la que se deducirá el testimonio correspondiente para exacción de la derivada responsabilidad penal. En todo caso, la abstención se entenderá voto a favor de no considerar probado el hecho perjudicial para la defensa y, por tanto, de la no culpabilidad del acusado.

El Tribunal del Jurado ha funcionado razonablemente e incluso he escuchado cómo algunos magistrados que en principio desconfiaban de esta institución han cambiado de criterio y reconocen ahora que los ciudadanos responden a las expectativas de razonabilidad y compromiso en la delicada función que se les encomienda. Creo que ha llegado el momento de ampliar sus competencias e, incluso, al hilo de la actualidad y el debate sobre el caso de Dani Alves, hubiera sido conveniente que la decisión sobre este la hubiese tomado un jurado.

Parte IV. El Poder Judicial en el Estado constitucional

1. Derecho al juez ordinario predeterminado por la ley. Los fueros procesales. Una excepción al principio del juez natural

Una de las conquistas de la democracia, plasmada en los textos que proclaman derechos y libertades, se puede encontrar en la enmienda sexta a la Constitución de los Estados Unidos de 1787 en la que se establece que, en toda causa criminal, el acusado gozará del derecho a ser juzgado rápidamente y en público por un jurado imparcial del distrito y Estado en que el delito se haya cometido. Este principio garantiza la objetividad en la determinación del juez natural, descartando, por inconstitucional, la designación de jueces especiales o a la carta. Posteriormente, los textos internacionales de derechos humanos recogerán este derecho. Así, la Declaración Universal de Derechos Humanos sustituye el concepto de juez natural (referido a aquel del lugar donde se ha cometido el delito) por el de juez previamente determinado por la ley. El Pacto Internacional de Derechos Civiles y Políticos dispone a su vez que todas las personas son iguales ante la justicia y que tienen derecho a ser oídas públicamente y con las debidas garantías por un tribunal competente, independiente e imparcial, establecido previamente por la ley. Por su parte, el Convenio para la Protección de los Derechos Humanos y de las Libertades Fundamentales (en el ámbito de los países que se integran en el Consejo de Europa) insiste en que toda persona tiene derecho a que su causa sea oída equitativa y públicamente, así como dentro de un plazo razonable por un tribunal independiente e imparcial, establecido por la ley.

En nuestro sistema procesal preconstitucional existía la posibilidad de designar jueces especiales, selectivamente elegidos, para instruir causas de una gran relevancia política, económica y social. La Audiencia Nacional, creada el 4 de enero de 1977, siempre se consideró como una jurisdicción especial por razón de la materia: fundamentalmente terrorismo y narcotráfico, aunque en la actualidad ha ampliado notablemente su competencia. Se denunció la posible incompatibilidad con el Convenio Europeo ante el Tribunal Europeo de Derechos Humanos de Estrasburgo por considerar que vulneraba la exigencia de un juez ordinario predeterminado por la ley. Sin embargo, el Tribunal de Estrasburgo realizó un hábil quiebro argumental y consideró que se podía admitir su compatibilidad con el Convenio porque los jueces y magistrados que la componen se designan objetivamente por antigüedad.

Nuestra Constitución, en el artículo 24, consagra el derecho a ser juzgado por el juez ordinario predeterminado por la ley que, como hemos dicho, se debe distinguir del juez natural. Si nos atenemos a la literalidad del precepto, el aforamiento de una persona ante un determinado órgano jurisdiccional viene predeterminado por la ley, con lo cual cubriría las pretensiones constitucionales en esta materia, pero plantea serios reparos si acudimos a los preceptos constitucionales que predican la igualdad de todos ante la ley y la limitación de los privilegios.

La historia del derecho en nuestro país está plagada de fueros especiales, desde el emblemático Fuero Juzgo a la multitud de Fueros regionales, algunos de los cuales todavía están vigentes como derecho subsidiario o residual. Según el diccionario de María Moliner, el Fuero siempre lleva aparejado un privilegio en un sentido político y social. Supone una ley especial que se concedía antiguamente a una región, ciudad o persona. A su vez tiene otra acepción judicial que consiste en conceder a ciertas personas el «privilegio» de ser juzgadas por un juez o tribunal determinado en función de su cargo o rango. Conviene hacer notar que la Constitución mantiene la jurisdicción militar en el ámbito estrictamente castrense.

El precedente más claro del fuero personal que ostentan los parlamentarios se encuentra en el artículo 47 de la Constitución de 1876, en el que se establece que el Tribunal Supremo conocerá de las causas criminales contra los senadores y diputados en los casos y en la forma que determine la ley. A su vez, la Ley de 9 de febrero de 1912 dispone que corresponderá a la Sala de lo Criminal del Tribunal Supremo el conocimiento de las causas contra senadores y diputados, aun cuando solo tengan carácter de electos. Concedía, además, a los militares o marinos en activo un fuero especial ante el Consejo Supremo de Guerra y Marina. Finalmente, el artículo 71.3 de nuestra Constitución otorga un fuero especial en los procedimientos penales contra diputados y senadores ante la Sala de lo Penal del Tribunal Supremo. La cobertura legal del fuero es evidente, pero no deja de plantear problemas constitucionales y procesales.

Desde el punto de vista constitucional es necesario abordar la compatibilidad del fuero con el principio de igualdad ante la ley. La Constitución de la II República no establecía ningún fuero especial, sino que se limita a señalar, en el artículo 56, que, si algún juez o tribunal estima que debe dictar auto de procesamiento contra un diputado lo comunicará así al Congreso, exponiendo los fundamentos que considere pertinentes. El presidente de la República (art. 85) solo tenía fuero especial por su responsabilidad criminal en infracciones delictivas de sus obligaciones constitucionales, que sería exigida ante el Tribunal de Garantías Constitucionales. Esta situación era tan excepcional que si la acusación instada por el Congreso no era admitida, este quedaría disuelto y se procedería a una nueva convocatoria. En este sentido, según el artículo 102 de nuestra Constitución, la responsabilidad criminal del presidente y los demás miembros del Gobierno será exigible, en su caso, ante la Sala de lo Penal del Tribunal Supremo. Si la acusación fuese por traición o por cualquier delito contra la seguridad del Estado, solo podrá ser planteada por iniciativa de la cuarta parte de los miembros del Congreso y con la aprobación de la mayoría absoluta del mismo. La mayor parte de las constituciones europeas limitan drásticamente o desconocen el fuero procesal de los parlamentarios y otros cargos públicos.

Desde una perspectiva procesal, el aforamiento se desarrolla extensivamente en el artículo 57 de la Ley Orgánica del Poder Judicial. La relación de aforados ante la Sala Segunda del Tribunal Supremo se puede extender a más de quinientas personas si tenemos en cuenta que no solo abarca a los altos representantes de los poderes del Estado sino también a personas pertenecientes a instituciones de relevancia constitucional e incluye a los parlamentarios de las Comunidades Autónomas cuando cometen algún delito fuera de su circunscripción territorial.

Desde el punto de vista de los derechos y garantías que toda persona posee ante un Tribunal de Justicia, cuando la competencia se atribuye al Tribunal Supremo el derecho constitucional, reconocido en todos los textos y tratados internacionales, no tiene cabida en la doble instancia. Este derecho no puede ejercitarse porque contra las resoluciones del Tribunal Supremo no cabe recurso alguno ante una instancia superior. Solamente queda la posibilidad del recurso de amparo ante el Tribunal Constitucional con toda la complejidad y dilación que su tramitación y consecuencias implica. Desde el punto de vista político se ha trabado un vivo debate sobre las ventajas o inconvenientes que este fuero especial otorga a sus teóricos beneficiarios.

Ante la impugnación del aforamiento ante el Tribunal Supremo, como contrario al principio constitucional de igualdad ante la ley, recogido en el artículo 14.5 de la Constitución, el Tribunal Constitucional se ha posicionado en una sentencia de 1982 en la que sostiene que dicho artículo no autoriza a crear un recurso inexistente en el ordenamiento jurídico interno y, en consecuencia, admite la constitucionalidad de la única instancia, alegando que

> determinadas personas gozan, en atención a su cargo, de una especial protección que contrarresta la imposibilidad de acudir a una instancia superior, pudiendo afirmarse que esas particulares garantías que acompañan a senadores y diputados disculpan la falta de un segundo grado jurisdiccional por ellas mismas y porque el órgano encargado de conocer en las causas en que puedan hallarse implicados es el superior en la vía judicial ordinaria.

En el mismo sentido, una sentencia del año 2001 estimó que la competencia del Tribunal Supremo no vulnera la exigencia del juez ordinario predeterminado por la ley. En cualquier caso, habría que considerar si el Tribunal Supremo es un juzgado ordinario o, como se desliza en la sentencia, el juez natural. No obstante, el aforamiento resulta contraindicado y gravemente perjudicial cuando, además de las personas que gozan de este privilegio, se atrae hacia el proceso a otras que, estando en conexión directa con los hechos imputados, podrían gozar de la doble instancia si no se hubiera producido esta atracción por razones de la unidad de la causa. Para que pueda comprenderse más claramente esta cuestión recordemos el caso del proceso por el secuestro de Segundo Marey. Los dos únicos aforados eran el ministro del Interior, José Barrionuevo y el director general de la Seguridad del Estado Rafael Vera, pero, como es lógico, habían intervenido en la preparación y desarrollo de la trama otras personas relacionadas con los servicios policiales y, asimismo, el gobernador civil de Vizcaya Julián Sancristóbal y el secretario general del PSOE de Vizcaya Ricardo García Damborenea. No dispusieron de la oportunidad de una segunda instancia a pesar de que no tenían la condición de aforados. La cuestión de la segunda instancia podría solucionarse, como vengo sugiriendo hace tiempo, con una ampliación de las competencias de la denominada Sala del 61, cuya regulación se aborda en dicho artículo de la Ley Orgánica del Poder Judicial. Esta Sala Especial conoce de los recursos de revisión contra las sentencias dictadas en única instancia por la Sala de lo Contencioso-Administrativo del Tribunal Supremo. También conocerá del recurso de casación para la unificación de doctrina cuando la contradicción se produzca entre sentencias dictadas en única instancia por secciones distintas de esta sala. Con el mismo fundamento se podría ampliar su competencia para conocer de un recurso de apelación contra las sentencias dictadas en única instancia por la Sala Segunda del Tribunal Supremo. No encuentro obstáculos legales para introducir esta posibilidad que satisface las exigencias constitucionales de una segunda instancia.

La atribución de la competencia para conocer de las causas contra aforados tiene, además, un componente elitista. El conocimiento de la causa se atribuye al Tribunal Supremo y a los Tribunales Superiores de Justicia exclusivamente por el rango de la persona enjuiciada y por la jerarquía que ocupan en la pirámide judicial, pero esta circunstancia no asegura ni una mayor o menor imparcialidad ni conocimientos jurídicos superiores a los que pudiera tener el órgano judicial al que correspondería ocuparse de la causa en el supuesto de que no entrase en juego el privilegio del aforamiento. También es posible (y así lo permite la ley) que el aforado renuncie al fuero, pero esta renuncia debe ir precedida del abandono del cargo. En mi vida profesional me he encontrado con dos casos, un senador y un diputado, que me pidieron renunciar al aforamiento al mismo tiempo que seguir con la causa, lo que resultaba imposible y así se lo manifesté. Se trataba de delitos contra la seguridad del tráfico por conducción bajo la influencia de bebidas alcohólicas.

El artículo 750 de la Ley de Enjuiciamiento Criminal establece que el juez o tribunal que encuentre motivos para procesar a un senador o diputado a Cortes por causa de delito se abstendrá de dirigir el procedimiento contra él, si las Cortes estuvieran abiertas, hasta obtener la correspondiente autorización de la Cámara a que pertenezca, salvo que se trate de un senador o diputado sorprendido en flagrante delito. Dicha autorización se formaliza mediante un oficio denominado *suplicatorio,* que constituye una prerrogativa parlamentaria destinada a evitar que, a través de la vía penal, se altere indebidamente la composición y el funcionamiento de las Cámaras y, con ello, la voluntad popular. En el caso del Congreso de los Diputados (igualmente en el del Senado), el presidente o la presidenta del Congreso adoptará de inmediato cuantas medidas sean necesarias para salvaguardar los derechos y prerrogativas de la Cámara y de sus miembros. Recibido el suplicatorio, después de los trámites previstos en el Reglamento, se someterá a votación en el Pleno. El acuerdo tendrá que ser por mayoría absoluta por afectar a un derecho fundamental. Si en el plazo de sesenta días no se resuelve sobre la petición de suplicatorio, se entenderá denegado.

En conclusión, siempre me he manifestado a favor de acabar con los aforamientos porque creo que lo que garantiza el ejercicio de las funciones de los representantes políticos, investidos por la voluntad popular (senadores y diputados), es la existencia del suplicatorio.

2. Los jueces no pueden invadir espacios acotados para otros poderes del Estado

No creo que sea necesario insistir en el origen de la teoría de la división de poderes. La idea de que cada uno de ellos debe vigilar al otro me parece demasiado simplista si antes no introducimos los matices necesarios para delimitar los ámbitos de competencia de cada uno de ellos y marcamos las barreras ante las que debe detenerse la pretensión de invadir el territorio de los otros dos poderes. El Pleno del Tribunal Constitucional ha estimado parcialmente el recurso de amparo interpuesto por José Antonio Griñán Martínez (expresidente de la Junta de Andalucía condenado por los ERE) contra las sentencias de la Audiencia Provincial de Sevilla y de la Sala de lo Penal del Tribunal Supremo que le condenaron por un delito de prevaricación en concurso medial con un delito de malversación a las penas de seis años y dos días de prisión, con accesorias de inhabilitación absoluta por 15 años y dos días. El Tribunal Constitucional ha declarado que se ha vulnerado su derecho a la legalidad penal y a la presunción de inocencia. En consecuencia, ordena retrotraer las actuaciones a la Audiencia Provincial de Sevilla para que dicte un nuevo fallo. Las sentencias condenatorias consideraron que Griñán Martínez, en su condición de consejero de Economía y Hacienda de abril de 2004 a abril de 2009 y presidente de la Junta de Andalucía de abril de 2009 a septiembre de 2013, participó en la elaboración de los anteproyectos y proyectos de ley de presupuestos para los años 2005 a 2009 y, posteriormente, en su aprobación en el Consejo de Gobierno. Asimismo, intervino en la tramitación y aprobación de distintas modificaciones presupuestarias por las que se incrementaban distintos programas. Según la Audiencia Provincial de Sevilla y el Tribunal Supremo, la realización de tales actos conllevó que terceros sustrajeran dinero público, sin que el recurrente realizara actuación alguna para evitar ese proceder ilícito.

La sentencia de la que ha sido ponente la vicepresidenta, Inmaculada Montalbán Huertas, declara que los órganos judiciales han realizado una interpretación y aplicación imprevisible del delito de prevaricación, prohibida por el derecho a la legalidad penal garantizado en el artículo 25.1 de la Constitución. En este sentido, el artículo 404 del Código Penal tipifica como delito que las autoridades o funcionarios públicos, a sabiendas de su injusticia, dicten resoluciones arbitrarias en un asunto administrativo.

Las resoluciones impugnadas argumentan que dichos anteproyectos y proyectos de ley en los que participó el recurrente eran ilegales porque infringían la normativa presupuestaria en vigor en aquel momento. En particular, porque incorporaban el uso de transferencias de financiación para el pago de ayudas sociolaborales, mediante la creación del programa 3.1 L en las leyes de presupuestos de la comunidad autónoma, desplazando la aplicación de la normativa de subvenciones. Del mismo modo, sostienen que las modificaciones presupuestarias para el pago de las ayudas sociolaborales se adoptaron también infringiendo la normativa presupuestaria. De acuerdo con lo sostenido por el fiscal y con remisión a lo resuelto en la sentencia del Tribunal Constitucional 93/2024, el tribunal ha estimado que la elaboración de los anteproyectos de ley y su aprobación como proyectos de ley no puede ser constitutiva del delito de prevaricación. Este tipo de actuaciones ni son resoluciones ni han recaído en un asunto administrativo, al tratarse de actos dictados por el Poder Ejecutivo en el ejercicio de su función de gobierno que le atribuye el Estatuto de Autonomía de Andalucía. Además, y según han venido entendiendo tanto el Tribunal Constitucional como la Sala de lo Contencioso-Administrativo del Tribunal Supremo, al tratarse de meras propuestas que no tienen más alcance que, en su caso, ser objeto de deliberación en el Parlamento, no pueden ser sometidas a control judicial. Ni un anteproyecto ni un proyecto de ley pueden someterse a un juicio de legalidad –en ese momento, al ser meras propuestas, son actos inexistentes para el Derecho– y, una vez aprobados, al haberse convertido en ley, el único juicio que cabe es el de constitucionalidad.

El Tribunal Constitucional estima que las sentencias de la Audiencia Provincial de Sevilla y del Tribunal Supremo, al no considerar que fue el Parlamento de Andalucía el que, a iniciativa del Gobierno de dicha comunidad autónoma, aprobó el nuevo sistema de presupuestación de las ayudas sociolaborales a través de las leyes de presupuestos y atribuir la aprobación del nuevo sistema de presupuestación a los anteproyectos y proyectos de ley de presupuestos, desconocen la centralidad del Parlamento de Andalucía en el entramado institucional establecido en el Estatuto de Autonomía. La sentencia explica que los órganos judiciales no pueden interferir en las relaciones institucionales entre el Parlamento y el Poder Ejecutivo so pena de infringir el principio de separación de poderes. El Pleno analiza a continuación las distintas modificaciones presupuestarias en las que participó el recurrente, concluyendo que no resulta imprevisible ni contrario al derecho a la legalidad penal (art. 25.1 de la Constitución) la condena por la que se realizó en diciembre de 2004 en el programa 3.2 H, dado que los fines de dicho programa no eran la concesión de ayudas sociolaborales. Sin embargo, sí considera contraria al derecho a la legalidad penal la condena por haber participado en la aprobación de las modificaciones presupuestarias realizadas al amparo del nuevo sistema de presupuestación aprobado por el Parlamento de Andalucía a través de la ley de presupuestos.

Por lo que se refiere al delito de malversación (art. 432 del Código Penal), la sentencia afirma, con base en las mismas razones que se acaban de exponer, que las resoluciones judiciales han realizado también una interpretación imprevisible del artículo 432 que resulta lesiva del artículo 25.1 de la Constitución (referido al derecho a la legalidad penal) en relación con los hechos probados que se refieren globalmente a la forma de gestión de las ayudas sociolaborales y a empresas en crisis. Según el tribunal, no es exigible una actuación *contra legem,* esto es, «una obligación de actuar para impedir la realización de actos que tienen expresa cobertura en las leyes de presupuestos en vigor».

El Pleno del Tribunal Constitucional sostiene que las sentencias impugnadas afirman que la finalidad del nuevo sistema de presupuestación tenía por objeto eludir la aplicación de la normativa de subvenciones. Debido a que dicho sistema fue aprobado por el Parlamento, no puede exigirse al recurrente que actuara en contra de lo previsto en las sucesivas leyes de presupuestos y en las memorias que las acompañaban. Para el Tribunal, tal conclusión no puede extenderse a los hechos imputados al recurrente que tenían como objeto la disposición de fondos públicos para fines distintos a los previstos en el programa 3.1 L incluido en las sucesivas leyes de presupuestos. No obstante, la sentencia constata que, aunque estas últimas conductas pudieran ser consideradas constitutivas de un delito de malversación, como el demandante de amparo ha sido condenado por tal delito sin que los órganos judiciales hayan argumentado que los hechos imputados fueran cometidos por él, se ha vulnerado el derecho a la presunción de inocencia (art. 24.2 de la Constitución), dado que la motivación judicial carece del desarrollo argumental suficiente.

Este derecho exige que toda condena penal se funde en una prueba de cargo suficiente, e impide que pueda trasladarse automáticamente la responsabilidad de quienes gestionaron las ayudas en la Consejería de Empleo a quienes se limitaron a aprobar las partidas presupuestarias correspondientes. El tribunal desestima las otras quejas formuladas por el demandante en su recurso de amparo. En consecuencia, el Pleno estima parcialmente el recurso de amparo de José Antonio Griñán Martínez y retrotrae las actuaciones a la Audiencia Provincial de Sevilla para que dicte un nuevo fallo respetuoso con los derechos fundamentales infringidos. La sentencia cuenta con los votos particulares de los magistrados Ricardo Enríquez Sancho, Enrique Arnaldo Alcubilla, César Tolosa

Tribiño y de la magistrada Concepción Espejel Jorquera. La sentencia lleva fecha de 16 de julio de 2024 y desde entonces, la Audiencia Provincial de Sevilla, incurriendo en una notoria denegación de justicia, se ha negado a dictar una sentencia absolutoria. Ha optado por presentar una cuestión prejudicial al Tribunal de Justicia de la Unión Europea.

Retomando la cuestión de la división de poderes y de las competencias de cada uno de ellos, recordemos que los sistemas políticos se dividen en parlamentarios, presidencialistas o mixtos. El nuestro, según la Constitución, se define como una monarquía parlamentaria. Si admitimos que la figura del rey, como jefe del Estado, ostenta un poder simbólico, el factor determinante de nuestro sistema político consagra la prioridad del legislativo frente a los otros dos poderes del Estado. Pasando por alto la anomalía cortesana de colocar a la Corona por delante de los otros poderes del Estado, circunstancia que no concurre en otras constituciones, no cabe discutir en cuál de los tres poderes se encarna la soberanía popular. En este sentido, en el artículo 66 de la Constitución queda claro que solo las Cortes Generales, integradas por el Congreso de los Diputados y el Senado, representan al pueblo español, atribución que no se hace respecto del Poder Ejecutivo y del Poder Judicial. Solo las Cortes Generales pueden ejercer la potestad legislativa y controlar la acción del Gobierno sin perjuicio de la facultad de aprobar los presupuestos y de ejercer las demás funciones que les atribuya la Constitución. Asimismo, recuerda que las Cortes Generales son inviolables, advertencia que parecen no tener en cuenta algunas resoluciones del Poder Judicial que analizaremos más adelante.

El Poder Ejecutivo, para el que la Constitución (art. 97) emplea las denominaciones del Gobierno y de la Administración, dirige la política interior y exterior, la administración civil y militar y la defensa del Estado. Ejerce la función ejecutiva y la potestad reglamentaria de acuerdo con la Constitución y las leyes. En la práctica, nuestra Constitución tiene un marcado cariz presidencialista al establecer que el presidente dirige la acción del Gobierno y coordina las funciones de los demás miembros de este, sin perjuicio de la competencia y responsabilidad directa de estos en su gestión. Además, al regular el Poder Judicial proclama que la justicia emana del pueblo y se administra en nombre del rey por jueces y magistrados integrantes del Poder Judicial, independientes, inamovibles, responsables y sometidos únicamente al imperio de la ley.

A primera vista parece bastante lógico que, si cada uno de los tres poderes se moviera estrictamente dentro de los márgenes acotados por la Constitución, no tendrían por qué existir conflictos como los que, en la actualidad, han adquirido una dimensión no solo política sino también constitucional, llegando a poner al sistema al borde de la crisis.

El artículo 9.3 de la Constitución garantiza el funcionamiento normal de los tres poderes y proclama la interdicción de la arbitrariedad de los poderes públicos que afecta a todos ellos. El Código Penal castiga las resoluciones arbitrarias como delitos de prevaricación administrativa o judicial, pero en ningún caso castiga la prevaricación del poder legislativo en la elaboración de las leyes. Las leyes son el producto de una serie de iniciativas legislativas que se someten a la tramitación establecida en los reglamentos de las Cámaras. Una vez debatidas, enmendadas y discutidas, se pasa al trámite definitivo de la votación. En el caso de las leyes orgánicas se exige mayoría absoluta, en los demás supuestos basta la mayoría simple. La adecuación de las leyes a los principios constitucionales puede ser sometida a la fiscalización del Tribunal Constitucional a través del recurso de inconstitucionalidad. En definitiva, se puede decir que las leyes son buenas, malas o irregulares, pero en ningún caso los legisladores pueden ser acusados de una prevaricación por arbitrariedad.

La invasiva actuación de la jurisdicción en terrenos ajenos a sus competencias se ha puesto de relieve últimamente con decisiones extemporáneas y fuera del marco de la legalidad. Recientemente, un auto de la Sala Segunda del Tribunal Supremo ha rechazado de pleno una querella del partido político Vox y de Hazte Oír contra los magistrados del Tribunal Constitucional que firmaron la sentencia por la que se anulaba la sentencia condenatoria de los ERE, pero al mismo tiempo entiende que no existe precepto alguno que impida la imputación de un delito de prevaricación. Dice textualmente: «No equivale a una suerte de inviolabilidad de los miembros del Constitucional en el ejercicio de sus funciones; como pudiera derivarse de eventual infidelidad en la custodia de documentos, revelación de secretos, cohecho, tráfico de influencias...». Por supuesto, tampoco por los delitos de homicidio o agresión sexual, pero nunca por el contenido de sus resoluciones. Cuesta entender hoy que partidos políticos como el PP que aspiran legítimamente a ser una alternativa de gobierno se hayan permitido, siguiendo la corriente de la tamborrada mediática de la derecha extrema, jalear la salida de tono del Tribunal Supremo. La Ley Orgánica del Tribunal Constitucional 2/1979 dispone, con claridad meridiana, en su artículo 4.2 que las resoluciones del Tribunal Constitucional no podrán ser enjuiciadas por ningún órgano jurisdiccional del Estado.

El Título Preliminar del vigente Código Civil, sorprendentemente promulgado en el año 1974, en plena dictadura, se anticipa a los principios generales del derecho recogidos en la Constitución. Hoy en día, el artículo 106.1 de la Constitución concede a los tribunales el poder de controlar la potestad reglamentaria y la legalidad de la actuación administrativa, así como el sometimiento de esta a los fines que la justifican. Este control tiene que ajustarse a los valores constitucionales y, por supuesto, a la búsqueda de la protección del interés general, sin interferencias emponzoñadas por la ideología política. Más adelante dedicaré mi atención a la insólita intromisión de alguna sección de la Sala de lo Contencioso-Administrativo del Tribunal Supremo en asuntos estrictamente políticos.

A continuación nos centraremos en aquellas leyes que nacen de sistemas con una Constitución como la nuestra, en la que solo las Cortes Generales ejercen la potestad legislativa sin perjuicio de la potestad tanto del legislativo y de los partidos políticos como de la iniciativa popular para hacer proposiciones o propuestas de ley (art. 87.3, en el que se establece que una Ley Orgánica regulará las formas de ejercicio y requisitos de la iniciativa popular para la presentación de proposiciones de ley, que en todo caso exigirá no menos de 500.000 firmas acreditadas). No procederá dicha iniciativa en materias propias de Ley Orgánica Tributaria o de carácter internacional, ni en lo relativo a las prerrogativas de gracia. Finalmente, el poder legislativo tiene la función de tramitar, discutir elaborar y votar definitivamente las leyes.

La proliferación legislativa en forma de leyes orgánicas, leyes ordinarias, decretos leyes, órdenes ministeriales, normas autonómicas e incluso ordenanzas municipales (por no agotar todo el catálogo de normas que rigen nuestro ordenamiento jurídico) ha llevado a un autor tan ilustre como Eduardo García de Enterría (a cuya primera cátedra, en la Universidad de Valladolid, tuve el privilegio de asistir) a escribir un libro de bolsillo de fácil lectura: *Vivimos en un mundo de leyes desbocadas.*

Además, el Estado de derecho supone la interdicción de la arbitrariedad, dado que los poderes públicos no pueden actuar como les parezca en cada caso sino conforme a unas reglas previas y abstractas, que se imponen a su voluntad. Las normas son públicas, conocidas por todos, de modo que se evita el oscurantismo de situaciones en las que los ciudadanos podrían verse afectados por leyes de las que incluso pueden desconocer su existencia porque no se han dado a conocer (lo que ha ocurrido en tiempos pasados e incluso en la actualidad en regímenes autoritarios). Es un *saber a qué atenerse,* igual para todos. Es decir, todo ciudadano puede saber si aquello que está pensando hacer es legal o no antes de hacerlo, y no que la legalidad de sus actos presentes dependa de decisiones futuras de otras personas, de forma que incluso pudiera suceder que unos mismos hechos sean considerados legales al ser realizados por una persona e ilegales si los realiza otra persona.

Así explicado, puede comprenderse la importancia del Estado de derecho, pero también su fragilidad, porque el poder, cualquier poder, tenderá siempre a romper las ataduras que le provoca aquel y expandirse sin freno y con el menor control posible. Por eso, nunca debemos dar por garantizada la existencia y la buena salud del Estado de derecho y es tarea de todos los ciudadanos vigilar permanentemente su defensa en beneficio de toda la sociedad y de la democracia. En el caso del Poder Legislativo su capacidad soberana para elaborar y aprobar las leyes, así como convalidar otros productos legislativos, como los decretos leyes, es incuestionable. El único control es a través de los recursos de inconstitucionalidad y, en cierta medida, las cuestiones de inconstitucionalidad planteadas por los jueces y tribunales.

La función de los jueces es tomar una decisión que se convierta en un texto inteligible incluso para alguien que lo lea desde fuera de la relación procesal concreta. Por eso tiene que ser necesariamente más difícil la función del juez en un modelo informado por el principio de legalidad y la exigencia de motivación que en la llamada justicia del cadí, basada en la intuición del juez. En último término el defecto de motivación produce indefensión, relevante a los efectos del artículo 24 de la Constitución, y encarna una forma de ejercicio arbitrario de un poder público proscrito por el artículo 9.3 de la misma. Su vulneración se produce no solo en el caso de motivación incorrecta, sino también cuando se omiten las razones por las que se toma una determinada decisión.

Los que sostienen que no existen actuaciones del Poder Ejecutivo que no estén sometidas a la ley, es decir, a la Constitución y al resto del ordenamiento jurídico posibilitan que cualquier decisión pueda ser sometida a la fiscalización de los jueces y tribunales. La concesión al Poder

Judicial, como intérprete de la ley, de la capacidad para anular cualquier decisión del Gobierno confiere a los jueces un peligroso y perturbador poder de decisión que puede llevar a erigirse como superior al de los propios legisladores que elaboran las leyes y a los gobiernos que dirigen la política civil, militar e internacional del Estado.

3. ¿Es posible el control jurisdiccional de los actos políticos?

Los que sostienen, en mi opinión sin base constitucional alguna, la omnipotencia de la jurisdicción para controlar todos los actos o decisiones del Gobierno ignoran, entre otras muchas cosas, el principio de la división de poderes. Es cierto que el artículo 9 de la Constitución establece que los ciudadanos y los poderes públicos están sujetos tanto a ella como al resto del ordenamiento jurídico, por lo que todos los ciudadanos y poderes públicos (incluido el judicial) deben cumplir con la ley, garantizar la igualdad y justicia, defender la legalidad de las acciones de los poderes públicos y promover la protección de los derechos y libertades de todas las personas.

Pero según el artículo 97, el Gobierno dirige la política interior y exterior, la administración civil y militar, la defensa del Estado y además ejerce la función ejecutiva y la potestad reglamentaria de acuerdo con la Constitución y las leyes. Sus decisiones en materia de política exterior e interior son inmunes a cualquier intento de control jurisdiccional, aunque, por el contrario, en todo lo relativo a la Administración civil y militar está sujeto al control de legalidad por parte de los órganos judiciales.

En consecuencia, las decisiones del Gobierno en materias estrictamente políticas, tanto de naturaleza interior como exterior, no están sujetas al control de la jurisdicción, sin perjuicio de las medidas que puedan adoptarse en sede parlamentaria proponiendo mociones, reprobaciones o cualquier otra de las actividades de control atribuidas al Parlamento como representante y encarnación de la soberanía popular. El artículo 94 impone de manera inequívoca la exclusiva autorización de las Cortes Generales para que el Gobierno pueda firmar tratados en materia militar, aquellos que afecten a la integridad territorial del Estado y a los derechos fundamentales, que impliquen obligaciones financieras para la Hacienda pública, convenios que supongan modificación o derogación de alguna ley o exijan medidas legislativas para su ejecución o, por último, si el Tratado contiene estipulaciones contrarias a la Constitución. Solo el Tribunal Constitucional puede intervenir a través del recurso de inconstitucionalidad.

La jurisprudencia constitucional se ha mostrado contraria a la exención de los actos políticos, cuando puedan lesionar derechos fundamentales (sentencia del Tribunal Constitucional 196/1990, de 29 de noviembre; de 20 junio de 1980; 28 marzo de 1985 y 22 de septiembre de 1986). Pero conviene matizar esta doctrina. Como declara la sentencia del Tribunal Constitucional 45/1990, de 15 de marzo, algunas actuaciones políticas tienen una parte «que resulta obligada en ejecución de lo dispuesto en las leyes», parte controlable por los tribunales de justicia. En esta línea, la jurisprudencia ha mantenido una línea claramente restrictiva, con un examen caso por caso, limitándose a no entrar en el enjuiciamiento de aspectos muy concretos del acto impugnado, por constituir tales aspectos «decisiones políticas» que implicaban el ejercicio de opciones en las que los tribunales no pueden sustituir a la Administración ni al Gobierno (sentencia del Tribunal Constitucional de 16 de noviembre de 1983 y de 14 de diciembre de 1984), y, así, aun declarando el contenido político del decreto recurrido, no se han ahorrado esfuerzos en analizar la justificación del procedimiento seguido y de la competencia del órgano que lo emitió.

La sentencia del Tribunal Constitucional 196/1990 de 29 de noviembre aborda el caso de una iniciativa individual de un diputado que se ha tramitado por la Cámara a través de la Mesa y la Presidencia, por lo cual dicho acto es de naturaleza parlamentaria, pues no entra dentro de lo que son actos ordinarios de gestión o administración de la Cámara. Por otro lado, existen actos que por su naturaleza parlamentaria no son susceptibles, en el caso que fueran desatendidos por el Gobierno, de recurso contencioso. Nos moveríamos, por tanto, en el campo de los actos de gobierno o políticos sujetos a control parlamentario, por lo que, al no estimarse la existencia de un acto de la Administración Pública sujeta al derecho administrativo, este tribunal ha señalado recientemente que «no toda actuación del Gobierno, cuyas funciones se enuncian en el art. 97 del texto constitucional, está sujeta al derecho administrativo».

Desde la constitución de los gobiernos de coalición compuestos por partidos de izquierda estamos asistiendo a injerencias inadmisibles de los tribunales en materia penal y contencioso-administrativa ante decisiones estrictamente políticas del Gobierno que, como hemos dicho, no son susceptibles de control jurisdiccional. La más grave, en mi opinión, fue la actuación de un juez penal contra la entonces ministra de Asuntos Exteriores, Arancha González Laya, imputada, vulnerando flagrantemente los principios anteriormente expuestos, por el titular del Juzgado de Instrucción n.º 7 de Zaragoza, por haber decidido la entrada en España del secretario general del Frente Polisario, Brahim Gali, para tratarse de una grave afección de la COVID en el hospital San Pedro de Logroño. Hasta en seis ocasiones preguntó el juez a la exjefa de la diplomacia española quién decidió que el líder saharaui entrara en territorio español sin someterse al control de pasaportes y con qué otros miembros del Gobierno debatieron la decisión o a quién informó. Ella se negó a contestar a estas preguntas, alegando que se trataba de una decisión política, no administrativa, y que revelar la forma en que se tomó esta decisión «sería desnudar una parte muy importante de la política exterior española». Finalmente, las diligencias penales fueron archivadas por la Audiencia Provincial sin que el juez fuese objeto de una inspección disciplinaria.

En el ámbito contencioso-administrativo hemos asistido a decisiones, por lo menos, insólitas. La Sala Tercera del Tribunal Supremo ha anulado el nombramiento de Magdalena Valerio como presidenta del Consejo de Estado, por no reunir dicha persona el requisito de «jurista de reconocido prestigio» exigido por el artículo 6 de la Ley Orgánica del Consejo de Estado. Los magistrados explican que Valerio reúne solo uno de los dos requisitos que fija el citado artículo de la ley para presidir el Consejo de Estado, que es el contar con experiencia en asuntos de Estado, pero no el de ser jurista de reconocido prestigio.

Examinemos, entonces, qué significa «prestigio». Según el *Diccionario de la Real Academia Española*, se define como la pública estima o reputación de alguien o algo, fruto de su mérito o calidad. A su vez, según el diccionario de María Moliner, «prestigio» es la buena fama que disfruta una persona por su profesión. En este sentido, un jurista es una persona que ejerce una profesión relacionada con el estudio o la aplicación del derecho, como la abogacía, la judicatura, la investigación jurídica, la docencia universitaria, o cualquier otra actividad profesional vinculada al sistema jurídico. En esencia, es un profesional del derecho que ha adquirido un reconocimiento por su experiencia y conocimientos en la materia.

¿Puede un Tribunal de Justicia, entonces, decidir si una persona con el título de licenciada en Derecho, con amplia experiencia en el desempeño de cargos públicos, tiene o no reconocido prestigio como jurista? Según subraya la sentencia,

> es verdad que la Comisión Constitucional del Congreso de los Diputados se pronunció a favor del nombramiento de la Sra. Valerio Cordero. Apreció en su dictamen, tal como le impone la disposición adicional tercera 1 a) de la Ley 3/2015, su idoneidad y la ausencia de conflicto de intereses. Ahora bien, ese juicio no es equivalente al que debe hacerse cuando es preciso determinar si quien comparece ante ella reúne o no la condición de jurista de reconocido prestigio. La idoneidad es algo diferente, indica adecuación o la cualidad de apropiado para algo, por seguir con la Real Academia Española, pero no incorpora el requisito específico de la Ley Orgánica, y se corresponde con el carácter político de este órgano parlamentario. Es, pues, la suya una valoración de esa naturaleza, política y no de carácter técnico-jurídico.

Para no perdernos en los vericuetos de la historia, entraremos directamente en la regulación del Consejo de Estado en el texto de la Constitución de 1978. El artículo 107 establece que el Consejo de Estado es el supremo órgano consultivo del Gobierno. El artículo sexto de su ley orgánica dispone que el presidente del Consejo de Estado será nombrado libremente por real decreto acordado en Consejo de Ministros y refrendado por su presidente, entre juristas de reconocido prestigio y experiencia en asuntos de Estado. En pura lógica, parece que no hay duda de que debe predominar la experiencia en asuntos de Estado sobre los conocimientos jurídicos. Esta afirmación se refuerza si tenemos en cuenta que en su composición entran estamentos y personas que nada tienen que ver con las profesiones jurídicas (militares, alcaldes, ministros, rectores de universidad y académicos de distintas disciplinas). Para las cuestiones jurídicas disponen de un selecto grupo de letrados que deben ser licenciados en Derecho y se encargan del estudio, preparación y redacción de los proyectos de dictámenes sobre los asuntos sometidos a consulta del Consejo.

Como nos recuerda Hans Kelsen, el derecho es un fenómeno autónomo de cualquier hecho o ley positiva. El nombramiento de la Presidencia del Consejo de Estado es una decisión que corresponde al Poder Ejecutivo con la revisión del Poder Legislativo. En la sentencia se relacionan los méritos de la señora Valerio Cordero que aquí sintetizo porque son muy extensos: se licenció en Derecho por la Universidad Complutense de Madrid (1985) y ha ocupado numerosos cargos administrativos entre los que destaca su condición de ministra de Trabajo, Migraciones y Seguridad Social y, en lo que puede afectar al contenido de la sentencia, vocal de la Comisión de Justicia del Congreso de los Diputados. Creo que con todos los antecedentes que cita se le pueden reconocer conocimientos jurídicos derivados de las funciones que ha desempeñado. El reconocido prestigio, que también se exige para otros cargos, es un concepto aventurado y subjetivo que no se puede afirmar o negar sin el riesgo de incurrir en una cierta inseguridad e incluso libre albedrío.

Pero, sin duda, el mayor peligro para el Estado de derecho emana de la parte de la sentencia que concede al Legislativo una amplísima e indiscriminada capacidad para recurrir decisiones políticas que corresponden a otros poderes del Estado. El nombramiento de la Presidencia del Consejo de Estado es una decisión que corresponde al Poder Ejecutivo con la revisión del Poder Legislativo. En la jurisdicción contencioso-administrativa no cabe la acción popular, y solo en los casos estrictamente señalados por la ley existe una acción pública (urbanismo y medio ambiente). Extender la legitimación para recurrir obliga a la sentencia a dedicar cuatro páginas a reseñar los casos en que se ha denegado y los pocos en los que se ha admitido.

La beligerancia de la Sala Tercera del Tribunal Supremo se vuelve a poner de manifiesto en el caso del nombramiento de Dolores Delgado como fiscal de sala de la Fiscalía General del Estado. El tribunal no se pronuncia sobre si era idónea para el cargo, pero anula el real decreto del Gobierno por el que se la nombró y obliga al fiscal general del Estado García Ortiz a consultar al Consejo Fiscal sobre si su antecesora cumple los requisitos para el puesto. En concreto, los jueces instan a que ese órgano se pronuncie sobre si concurre o no la prohibición prevista en el artículo 58.1 del Estatuto Orgánico del Ministerio Fiscal, que establece que los fiscales no podrán ejercer sus cargos «en las Fiscalías que comprendan dentro de su circunscripción territorial una población en la que su cónyuge o persona a quien se halle ligado de forma estable por análoga relación de afectividad ejerza una actividad industrial o mercantil que obstaculice el imparcial desempeño de su función, a juicio del Consejo Fiscal».

Era público y notorio que mantenía una relación estable (hoy matrimonio) con Baltasar Garzón, abogado y presidente de la Fundación Internacional Baltasar Garzón (FIBGAR). Esta institución tiene como objeto social principal la defensa y promoción de los derechos humanos, la cooperación al desarrollo y la lucha contra la impunidad. De carácter privado y sin ánimo de lucro, trabaja en diferentes ámbitos sociales como la educación, la cultura, la política y la justicia, buscando fortalecer la cultura cívica y la seguridad jurídica. Bajo este mandato, se dedica a promover el empoderamiento de las personas como sujetos de cambio y apoyar aquellas iniciativas que supongan la aplicación de los principios de justicia internacional y los derechos humanos, empujando hacia la construcción de sociedades más democráticas e instituciones más sólidas.

No creo que nadie, en su sano juicio, pueda defender que las ONG de derechos humanos desempeñan una actividad industrial o mercantil. Desde el mes de octubre de 2008 he formado parte de la Comisión Internacional de Juristas, organización no gubernamental (ONG) internacional con sede en Ginebra (Suiza). Fue creada en Berlín (Alemania) en el año 1952 de mano del jurista alemán Walter Linse, presidente de la Asociación de Juristas Alemanes Libres. Su finalidad es proteger y promover los derechos humanos y el imperio de la ley así que, sin saberlo, parece que he dedicado parte de mi tiempo a actividades industriales y mercantiles.

En su peligroso activismo antigubernamental han llegado a poner en cuestión la potestad del jefe del Estado, a través del Ministerio de Justicia y la aprobación del Consejo de Ministros, de ejercer el derecho de gracia por medio de un decreto de indulto a los políticos catalanes independentistas condenados por el Tribunal Supremo con penas de hasta trece años de prisión. La disidencia era solo política porque las formalidades que exige la Ley de Indulto de 1870 (actualizada en 1988) se habían cumplido en su integridad. Esta deriva impulsada por oposición a las políticas del Poder Ejecutivo no solo trasgrede la división de poderes, sino que trasmite a la sociedad un mensaje de partidismo y politización que daña seriamente la independencia e imparcialidad de que debe estar revestido el Poder Judicial.

4. ¿Es necesario un Tribunal Constitucional en una democracia?

Los tribunales constitucionales, valga la paradoja, son necesarios, pero no imprescindibles. La cuestión ha sido objeto de debate en la ciencia política y ha tomado un nuevo impulso a la vista de los acontecimientos surgidos en Israel ante la pretensión de Netanyahu de anular las resoluciones del Tribunal Supremo por un acuerdo parlamentario. Está muy extendida la creencia de que un Tribunal Constitucional es un órgano indispensable para dar estabilidad a un sistema democrático, garantizar los derechos fundamentales frente a los abusos del poder y, en los sistemas descentralizados y cuasifederales como el nuestro, servir de árbitro en los conflictos de competencias entre el Estado y las autonomías o de las autonomías entre sí.

Como se ha dicho acertadamente, los tribunales constitucionales no son esenciales para la existencia de un Estado democrático de derecho y, por supuesto, no son un instrumento de control absoluto de los tres poderes del Estado, ni su existencia es una seña de identidad para calificar una democracia como avanzada y plena. Para reforzar esta afirmación basta con señalar que países con democracias consolidadas como Reino Unido, Países Bajos, Suecia o Dinamarca carecen de un Tribunal Constitucional.

En España, estas consideraciones deben ser matizadas y analizadas a la luz de nuestras específicas y anormales vicisitudes políticas. Teniendo en cuenta el origen de nuestra democracia, nacida después de un largo periodo dictatorial y con un Tribunal Supremo conformado por magistrados que, sin perjuicio de su adscripción ideológica y de sus conocimientos jurídicos, no podían desarrollar una función de garantía de unos derechos fundamentales inexistentes durante todo su ejercicio profesional. Los constituyentes, sin debates ni dudas, consideraron necesaria la instauración de un Tribunal Constitucional homologable al de otras democracias que sí lo contemplan en sus constituciones.

Nuestro país, durante la dictadura, no había firmado ninguno de los Convenios Internacionales que proclaman y garantizan los derechos humanos fundamentales. Muy al contrario, utilizaba los Consejos de Guerra y tribunales como el Tribunal de Orden Público para reprimir, con fuertes penas, el ejercicio de derechos democráticos como la libertad de expresión, asociación, manifestación y reunión, entre otros.

El debate sobre la (des)politización de la justicia en España, y por extensión del Tribunal Constitucional, me parece relevante. Por eso, es esencial que nos quitemos las anteojeras y revisemos nuestros prejuicios no demostrados sobre el funcionamiento de la justicia. Los tribunales constitucionales nacieron con una finalidad: estabilizar las democracias, aumentar su calidad, salvaguardar los derechos fundamentales, evitar abusos por parte de los actores políticos, arbitrar entre ellos y proteger a las minorías. A mi juicio, estos objetivos son lo bastante ambiciosos como para que nos tomemos en serio el papel que pueden llegar a jugar en nuestra convivencia como elemento estabilizador de la paz social.

En sus orígenes, el Tribunal Constitucional jugó un papel decisivo para reintegrar nuestro país en los valores de la cultura democrática. Lentamente se han incrustado magistrados de ideología reaccionaria, alineados con los sectores de la derecha y la extrema derecha, y se han producido sentencias insólitas que causan bochorno en el ámbito político interno y en el sentir de la comunidad jurídica internacional. Para no alargar en exceso este texto, dedicaré mi atención a dos de ellas.

A mi juicio, la más irracional es la que admite un recurso de inconstitucionalidad presentado por los parlamentarios de Vox en el que solicitan que la decisión del Gobierno –ratificada por el Congreso de los Diputados– de declarar el estado de alarma ante los efectos devastadores de la pandemia fuese declarada inconstitucional. Este recurso va en contra del criterio de la Organización Mundial de la Salud (OMS) y de la Comisión Europea, que imponían como medida el confinamiento para hacer frente a una situación de epidemia elevada a la categoría de pandemia, y así está previsto en la regulación del estado de alarma. En contra de la razón y de la ciencia, el tribunal sostuvo que era necesario, en su lugar, declarar el estado de excepción, exclusivamente previsto para los casos de grave alteración del orden público.

La petición era tan disparatada que bastaba con leer la ley para rechazarla con unos sintéticos pero contundentes argumentos. Los efectos de la declaración del estado de excepción eran tan excesivos e ineficaces que hubiera bastado una gota de sentido común para que los magistrados de la mayoría desecharan tan extravagante opción. El estado de excepción que propugnaba como adecuado para la pandemia laminaba una numerosa pléyade de derechos fundamentales. Veamos algunas de sus consecuencias: detención gubernativa durante diez días; registros domiciliarios sin autorización judicial; intervención de toda clase de comunicaciones; confinamiento de personas en localidades o territorios; secuestro de publicaciones y censura previa; prohibición de reuniones, manifestaciones y huelgas. Por si fuera poco, también instalar puestos armados para asegurar la vigilancia.

Me parece que después de leer esta cascada de restricciones y privaciones de derechos fundamentales nadie dudará de la irracionalidad de la declaración del estado de excepción para hacer frente a la pandemia por COVID. Sin embargo, en la reciente moción de censura presentada por Vox se ha esgrimido, como motivo para derrocar al Gobierno, el «revés» consumado con la colaboración política de los magistrados de la mayoría del Tribunal Constitucional de aquella época.

El segundo hito, todavía más insólito y peligroso para la estabilidad democrática, se consumó cuando el Gobierno, con el único objeto de desbloquear la renovación del Tribunal Constitucional que llevaba en prórroga desde el 12 de junio de 2022, en una proposición de ley que tenía como objeto principal la trasposición de algunas directivas europeas y la modificación de determinados artículos del Código Penal (sedición y malversación entre otros), introdujo, por vía de enmienda, dos modificaciones que afectaban a la renovación del Tribunal Constitucional y del Poder Judicial. El Congreso de los Diputados las admitió a trámite.

El objeto de la demanda de amparo del Grupo Popular en el Congreso de los Diputados denunciaba la vulneración del artículo 23 de la Constitución (derecho de participación en asuntos públicos). En una decisión inusual, acuerda una suspensión inmediata de la tramitación de las enmiendas vulnerando lo previsto en el artículo 56 de la Ley Orgánica del Tribunal. Está prohibida la suspensión cuando ocasiona «una perturbación grave a un interés constitucionalmente protegido». No es necesario argumentar demasiado para llegar a la conclusión de que el funcionamiento de los trámites legislativos constituye un interés constitucional que debe ser respetado.

La inviolabilidad parlamentaria constituye el santo y seña de todas las Constituciones, y así se sostiene y respeta por la práctica totalidad de la doctrina constitucional que la considera como una garantía institucional (garantía de las garantías) del propio Parlamento y de su autonomía funcional frente a los demás poderes. Incluso se ha reconocido en alguna sentencia del Tribunal Constitucional: «La experiencia y el examen del Derecho Comparado demuestran que la mejor garantía de una aplicación constitucionalmente adecuada de estos institutos se encuentra en la autoridad de ese derecho parlamentario de naturaleza y origen consuetudinario».

Los diferentes gobiernos han utilizado con frecuencia las llamadas «leyes ómnibus» para introducir toda clase de enmiendas. Sorprendentemente, el Tribunal Constitucional reaccionó ante un recurso de amparo, formalizado por el PP, suspendiendo su tramitación con unas medidas cautelarísimas insólitas que invadían de lleno las competencias y la autonomía parlamentaria. Sin apoyo legal alguno declaró que la «expresa voluntad del constituyente» sitúa al Tribunal Constitucional como garante último del equilibrio de poderes constitucionalmente establecido, incluyendo por tanto la posibilidad de «limitar la capacidad de actuación del legislador».

Comparto totalmente las observaciones de los votos disidentes que mantienen que, aunque las enmiendas no fuesen homogéneas, «el tribunal no podría ejercer a través del recurso de amparo un control de constitucionalidad sobre su contenido material». El voto del magistrado Juan Antonio Xiol precisa que «el recurso de amparo no es, por tanto, el cauce idóneo para entrar a examinar si las enmiendas admitidas vulneran o no la Carta Magna».

El Tribunal Constitucional no puede autoerigirse en el órgano supremo de la estructura constitucional. Si seguimos sus argumentaciones, llegamos a la conclusión de que ha redescubierto el principio franquista de la unidad de poder y diversidad de funciones, al afirmar rotundamente que «no hay zona inmune al control de constitucionalidad». Su entonces presidente González-Trevijano, sin medias tintas, proclamó solemnemente que no podían «hacer dejación de nuestra función en el ámbito tan decisivo para la propia supremacía de la Constitución como la jurisdicción de este Tribunal». La mayoría de los magistrados abrieron una brecha que vacía de contenido la autonomía constitucional de las Cámaras.

En su despedida, en un alarde de obstinación, contumacia y desconocimiento de las reglas del Estado de derecho, reiteró que al Tribunal Constitucional se le ha encomendado el control de los tres poderes y que debe velar por la «centralidad del Parlamento». Semejante dislate no tiene sustento ni en el texto constitucional ni en la ley orgánica que regula su funcionamiento, puesto que en ninguno de ellos se le atribuyen tan desorbitadas e inconstitucionales competencias.

Con esta doctrina, el régimen soberano del funcionamiento del Congreso (llamada al orden, retirada de la palabra o el contenido del diario de sesiones) podría fundamentar un recurso de amparo. En definitiva, lo que sostenían es que la actividad legislativa debe obtener el beneplácito del Tribunal Constitucional. Como decía el magistrado conservador del Tribunal Supremo norteamericano Oliver Wendell Holmes, las resoluciones judiciales y las sentencias se justifican y legitiman por la solidez y racionalidad de sus motivaciones. Para mí resulta indiferente la ideología de los jueces que las pronuncian o las secundan siempre que encajen dentro de los principios constitucionales.

La renovación del Tribunal Constitucional sustituye la mayoría que ostentaba su anterior composición. El modelo no ha cambiado, pero sí se ha restaurado la racionalidad constitucional. La ley de eutanasia, declarada constitucional con dos votos en contra, responde al principio de respeto a la dignidad de la persona humana para elegir, en determinadas circunstancias, el momento de su muerte asistida. Del mismo modo, ha declarado que el principio de igualdad no permite la segregación por sexos en las escuelas públicas y concertadas. Su misión es ampliar o mantener derechos, no cercenarlos.

Por supuesto, en manos de personas reaccionarias y sin escrúpulos, el Tribunal Constitucional puede ser un peligro para la democracia. Ya en Norteamérica, cuando el presidente Franklin D. Roosevelt puso en marcha el *new deal* y, sobre todo, la reforma agraria, el Tribunal Supremo derogó, una a una, hasta cuarenta y dos leyes. Algunos sectores escandalizados no dudaron en tachar a los nueve jueces como «hombres locos». Peter H. Irons, en *The New Deal Lawyers,* asegura que los norteamericanos, al igual que su presidente, consideraban que la sentencia era el equivalente a una declaración de guerra del Tribunal Supremo hacia el *new deal.*

Así, para evitar efectos indeseados, me parece oportuno que las leyes que restringen o desconocen derechos fundamentales solo puedan ser declaradas constitucionales por una decisión unánime o por una mayoría cualificada del Tribunal. El poder de los jueces no puede ser omnímodo.

5. Nuestro sistema judicial se integra en la Unión Europea. El juez español como juez comunitario

España firmó el Tratado de Adhesión a la Comunidad Económica Europea el 12 de junio de 1985 en Madrid y se integró efectivamente en ella el 1 de enero de 1986. Este acontecimiento transformó el modelo tradicional de algunas estructuras de nuestro Estado, fundamentalmente el del Poder Judicial, dado que pasó a integrarse en un sistema jerárquico de leyes y principios jurídicos de los que habíamos carecido no solo durante los cuarenta años de dictadura, sino también, como es lógico, en toda nuestra historia constitucional. Por ello, a todos los estamentos les costó adaptarse a una situación inédita y a una cultura jurídica constitucional y de principios y valores democráticos aunque nuestra Constitución, en su artículo 10 ya elevaba de hecho al rango de ley nacional todo el contenido de los tratados sobre derechos humanos que España firmó a partir del año 1977.

No obstante, la incorporación y sumisión a normas legales que no habían formado parte de nuestro acervo jurídico tradicional no llegaron a tomarse en cuenta en las incipientes labores legislativas que el primer parlamento democrático inició en el mismo año 1977. Considero que existía un cierto poso nacionalista que se resistía a aceptar la primacía de normas que no procedían de nuestra autonomía legislativa nacional, fenómeno que se produjo en varios países, aunque no con la misma intensidad. Por ejemplo, en el Reino Unido la reacción contra la supremacía de las normas comunitarias y de las resoluciones del Tribunal de Justicia sirvió como argumento a los que propugnaron el Brexit. Los sectores más conservadores y tradicionales de la cultura jurídica británica nunca llegaron a aceptar que se pusiese en cuestión sus reglas tradicionales. El *common law*, el sistema jurídico vigente en Inglaterra y en la mayoría de los países de tradición anglosajona (que también da nombre a toda una tradición jurídica o familia del Derecho) se consideraba intocable en tanto que variante de una especie o signo de identidad que era necesario proteger.

Por nuestra parte, poco a poco nos fuimos adaptando, con mayor o menor aceptación a las normas que emanaban de las instituciones europeas, aunque también vivimos una reacción similar a la inglesa, posiblemente causada por un desconocimiento de las estructuras jurídicas de lo que ahora es la Unión Europea.

En el campo de la justicia, los jueces españoles adquirieron hábitos y culturas que habían sido ajenos a nuestra formación tradicional, enquistada en una concepción, exclusivamente literal, de las normas. El Tribunal de Justicia de la Unión Europea pasó a integrarse en nuestro sistema judicial convirtiéndose en juez nacional para diversas cuestiones reguladas por el ordenamiento jurídico comunitario, y al mismo tiempo, los jueces españoles se convirtieron en jueces comunitarios, obligados a la aplicación de esas normas cuando resultan procedentes para resolver un caso concreto.

Actualmente, sigue siendo necesario asimilar e incorporar la nueva concepción de la jurisprudencia emanada de las instituciones judiciales europeas. Las modificaciones introducidas por el derecho comunitario en el título VI de la Constitución española (el Poder Judicial) consistían simplemente en ampliar el sometimiento de los jueces al imperio de la ley, que ya no es solo la ley nacional, sino también la emanada de los órganos europeos. Así, el juez nacional en tanto que juez comunitario tiene el poder de suspender cautelarmente el derecho interno en defensa del derecho comunitario. Además, el juez nacional, garante de los principios estructurales básicos del derecho comunitario, puede dirigirse al Tribunal de Justicia de la Unión Europea para plantear la cuestión prejudicial y suspender la aplicación del derecho interno para consultar si la norma nacional que tiene que aplicar es compatible con el derecho de la Unión. Por su parte, las instituciones europeas deben colaborar con el juez nacional.

Es interesante comprobar estadísticamente cuál ha sido el comportamiento de la judicatura española respecto del planteamiento de cuestiones prejudiciales ante el Tribunal de Justicia de Luxemburgo. Simplificando un tanto, para no extender excesivamente este capítulo, podríamos decir que las consultas prejudiciales en materia civil y mercantil han sido planteadas por jueces sin connotaciones partidistas y despojados de cualquier intención política. Valga como ejemplo la emblemática sentencia de las cláusulas suelo de las hipotecas. Por el contrario, se observa en estos últimos tiempos un repunte de decisiones judiciales marcadas por la política, sobre todo a partir del proceso abierto a los líderes políticos catalanistas por haber puesto en marcha una denominada hoja de ruta amparada en leyes parlamentarias para declarar unilateralmente la independencia de Cataluña. Siempre he dicho, y lo repito, que las vías utilizadas eran inconstitucionales, pero en ningún caso delictivas.

Con las naturales controversias que suscita la interpretación y aplicación de las normas jurídicas, el sistema ha funcionado con absoluta normalidad hasta que, como decía, se agudizó el conflicto catalán. A pesar de que la denominada «hoja de ruta» se había atajado con la declaración de su inconstitucionalidad y la aplicación del artículo 155 de la Constitución, el fiscal general del Estado formula una querella contra los políticos catalanes que componían el Gobierno de la Generalitat y la presidenta del Parlament, calificando los hechos como constitutivos de un delito de rebelión sin el uso de armas de fuego, por las leyes publicadas en el Diario Oficial de la Generalitat y la convocatoria de un referéndum seguidas de votaciones en sede parlamentaria y con una declaración de independencia condicionada a la apertura de un diálogo con el Gobierno central.

Es sabido que algunos líderes catalanes, encabezados por Puigdemont, se refugiaron en el espacio europeo de libertad, seguridad y justicia a la espera de que el sistema jurídico comunitario decidiese cuál era la resolución adecuada a la luz de los instrumentos jurídicos de la Unión y las decisiones de los tribunales de justicia de los diversos países requeridos para su detención y entrega. El juez instructor de la Sala Segunda del Tribunal Supremo puso en marcha la Decisión Marco del Consejo, de 13 de junio de 2002, relativa a la orden de detención europea y a los procedimientos de entrega entre Estados miembros.

Después de su ingreso en la Comunidad Económica Europea, actual Unión Europea, España se incorporó a la Decisión Marco 2002/584/JAI del Consejo, de 13 de junio de 2002, relativa a la orden de detención europea y a los procedimientos de entrega entre Estados miembros. Nuestro país se comprometió, dentro del sistema de libertad, seguridad y justicia, a cumplir con las normas que regulan su funcionamiento. La decisión marco, que ha sido traspuesta a nuestro ordenamiento jurídico y publicada en el BOE con fecha 31 de diciembre de 2003, es suficientemente clara al delimitar los casos en los que se puede emitir por un juez nacional una orden de detención y entrega dirigida a un juez de otro país.

La detención y entrega solo funciona automáticamente en el caso de los 32 delitos que figuran en el texto de la Directiva, cuyo catálogo ha sido aceptado por todos los países firmantes, incluido España. Fuera de estos específicos delitos, los jueces del Estado requerido tienen la facultad de examinar todos y cada uno de los datos que se contienen en la petición para decidir si acceden a ella total o parcialmente, o si la deniegan en su totalidad. El juez instructor del Tribunal Supremo, el señor Llarena, emite una orden de detención y entrega, dirigida inicialmente a la Justicia de Bélgica, ya que era público y notorio que las personas requeridas se encontraban en ese país. La respuesta de los jueces belgas no se hizo esperar. Después de llamar a las personas implicadas para que compareciesen y alegasen lo que estimaran pertinente, se produjo la tramitación y la respuesta. El Tribunal belga consideró que los hechos en que se fundaba la petición no eran constitutivos, según su legislación, de los delitos por los que se les reclamaba.

No obstante, la orden siguió vigente y los afectados se movieron por el territorio europeo con absoluta libertad y localización, sin que en ningún caso se les pueda considerar como fugados, ya que han demostrado estar dispuestos a acatar las decisiones de los jueces de los países requeridos. Posteriormente Puigdemont es interceptado en Alemania y el Tribunal del Estado de Schleswig-Holstein rechazó la entrega por el delito de rebelión, aunque sí accedió a ella por el delito de malversación. Esta respuesta debió advertir al juez y al Tribunal Supremo que, en el ámbito democrático europeo, no podía equipararse la hoja de ruta seguida por los independentistas catalanes con un delito de rebelión. Lejos de aceptar la decisión, respetar el acuerdo firmado por el Estado español y continuar el procedimiento en los términos en los que se habían pronunciado los jueces extranjeros, el juez Llarena le da una patada al tablero de ajedrez y adopta la insólita decisión de retirar las órdenes de detención y entrega, cuando había tenido la oportunidad de que fueran entregados a España con esta limitación.

En definitiva, aunque no de manera explícita, el juez español venía a manifestar que los jueces belgas y alemanes habían prevaricado. Creo que es una muestra lo suficientemente expresiva de una decisión unilateral de ruptura y salida del orden judicial europeo. Como es lógico, llovieron las críticas desde diversos sectores jurídicos y con toda seguridad, los jueces que habían tramitado la orden se vieron sorprendidos por un reproche que no tenía precedentes en el ámbito de la Orden Europea de Detención y Entrega. Hasta tal punto que nos encontramos ante un supuesto en el que la soberbia carpetovetónica ha incurrido en un delito de omisión del deber de perseguir delitos al rechazar que se les juzgase por los delitos de malversación y desobediencia.

El segundo acto de ruptura con el orden jurídico europeo se produjo cuando el 19 de diciembre de 2019 el Tribunal de Justicia de la Unión Europea, órgano supremo de interpretación y aplicación de la normativa europea, decide que Oriol Junqueras gozaba de inmunidad por haber adquirido la condición de parlamentario comunitario desde el momento en que figuraba en las listas oficiales que el BOE había publicado y enviado con fecha 14 de junio de 2019 al Parlamento Europeo. Esta inmunidad no solamente le protegía, sino que implicaba que debía ser puesto en libertad hasta que el Parlamento

Europeo recibiese una petición de suplicatorio para que se levantase la inmunidad parlamentaria.

El Tribunal de Justicia de Luxemburgo no había actuado de oficio, sino que fue la Sala Segunda del Tribunal Supremo quien decidió plantearle una cuestión prejudicial. A todos los jueces europeos y también a muchos nacionales les resulta incomprensible que el más alto tribunal de España se haya saltado las reglas de tramitación de las cuestiones prejudiciales y, con una exhibición de arrogancia, haya dictado sentencia sin esperar a la respuesta del Tribunal de Justicia de la Unión Europea. Cualquier juez español sabe perfectamente que si plantea una cuestión prejudicial debe suspender la tramitación del procedimiento hasta recibir la respuesta que ha solicitado. Parece que los jueces de la Sala Segunda del Tribunal Supremo o lo ignoran, cosa que no creo, o se han creído que están por encima de la ley, saliéndose, una vez más, del sistema judicial que están obligados a respetar. Las consecuencias no tardarán en hacerse visibles. Sin perjuicio de la decisión, en su momento, del Parlamento Europeo, nos encontramos en una situación incómoda e indeseable para el prestigio de nuestra justicia. Quizá no somos tan europeos ni tan demócratas. Los espacios europeos de libertad, justicia y seguridad parece que nos incomodan.

No quiero terminar este capítulo sin destacar la magnífica labor desarrollada por un juez español, Dámaso Ruiz Jarabo, prematuramente fallecido, que llegó a tener el rango de abogado general ante el Tribunal de Justicia de la Unión Europea y que siempre gozó del respeto de todos los colegas de la Unión Europea. Quiero además destacar su magnífica labor de difusión de la cultura jurídica europea en cursos y seminarios, pero sobre todo su obra emblemática que debe servir como libro de cabecera para los jueces y juezas españolas titulado *El juez nacional como juez comunitario.*

En el ámbito del Consejo de Europa, España firmó el 26 de septiembre de 1979 el instrumento de ratificación del Convenio para la protección de los derechos humanos y de las libertades fundamentales. Esta decisión preconstitucional nos sitúa en un nuevo escenario que permite el control de las sentencias firmes dictadas por los tribunales españoles. Su contenido caló más rápidamente en el cuerpo judicial español que ha reforzado, con frecuencia, la fundamentación de sus resoluciones con la jurisprudencia del Tribunal de Derechos Humanos de Estrasburgo. Desde otro punto de vista, los ciudadanos españoles que consideran que se han visto afectados y vulnerados los derechos reconocidos en el Convenio pueden acudir personalmente en demanda de su protección frente a una sentencia de los órganos jurisdiccionales españoles que hipotéticamente los hubieran vulnerado. La admisión de la demanda es una cuestión complicada, pues no podemos olvidar que todos los ciudadanos de los cuarenta y seis países que conforman el Consejo de Europa pueden ejercitar este derecho, por lo que su admisión incondicionada a trámite provocaría el colapso de su funcionamiento. En el caso de que supere el corte de la guillotina y consiga que el Tribunal Europeo reconozca al demandante que ha visto vulnerado alguno de los derechos reconocidos en el Convenio, los tribunales españoles están obligados a utilizar la vía del recurso de revisión para anular la sentencia española que se había considerado firme y definitiva. En estos momentos estamos a la espera de la decisión que adopte el Tribunal de Estrasburgo en relación con las demandas interpuestas por los líderes independentistas catalanes condenados a severas penas de prisión. Estrasburgo instó a los demandantes y al Gobierno de España a llegar a un acuerdo amistoso, con fecha límite de 11 de enero de 2024. Frustrada esta expectativa, hemos superado la fase de alegaciones que ya han formulado todas las partes implicadas, lo que nos sitúa ante la fijación de una fecha para la deliberación, votación y fallo. La sentencia, sin duda, va a tener un gran impacto en la política española.

Parte V. La justicia se arroga un poder político que no le corresponde

1. ¿Cuándo comienza esta injerencia?

Quizá un historiador podrá desmentirme, pero yo no tengo esa profesión ni el tiempo para responder a la pregunta sobre el comienzo de la injerencia de la justicia en la esfera política. Sin embargo, en mi opinión, la utilización de la justicia para reprimir, al margen de la legalidad, acontecimientos o decisiones políticas que incluso emanan de los Parlamentos que encarnan la soberanía popular comienza con el caso Atutxa, nombre del presidente del Parlamento vasco.

Ya me he referido a ello con anterioridad, pero creo que conviene completar la cronología de lo acontecido. El 17 de marzo de 2003 el Tribunal Supremo acuerda por unanimidad la ilegalización y disolución de HB-EH-Batasuna al estimar que estas formaciones han vulnerado la Ley de Partidos Políticos. La Presidencia del Parlamento vasco sostiene que la medida no tiene que afectar al grupo parlamentario Sozialista Abertzaleak (SA), donde se habían integrado los mismos parlamentarios que la antigua e ilegalizada Batasuna. La Mesa del Parlamento vasco aprueba una propuesta de la Presidencia que establece el paso al grupo mixto de los parlamentarios de un grupo cuyo partido político haya sido suspendido o disuelto por sentencia o resolución judicial firme, sin incluir una referencia expresa a SA.

La sentencia condenatoria al presidente Atutxa, que se negó a privar de su condición de parlamentarios a los pertenecientes a SA, marca un punto de partida a la injerencia de la justicia protagonizado por el juez Manuel Marchena, quien posteriormente llegará a presidente de la Sala de lo Penal del Tribunal Supremo, la que, según sus panegiristas, es capaz de controlar desde fuera.

2. Posibilidad de anulación de la condena de los independentistas por el Tribunal Europeo de Derechos Humanos de Estrasburgo

El mensaje transmitido por los condenados en el *procés* en el ejercicio del derecho a la última palabra y en sus posteriores declaraciones públicas es bien expresivo de su voluntad de reincidir en la lucha por sus ideales políticos. Ni siquiera flexibilizando el requerimiento legal y liberándoles de la exigencia de un sentimiento de contrición por el hecho ejecutado podríamos atisbar una voluntad de reencuentro con el orden jurídico menoscabado por el delito.

La Sala Segunda del Tribunal Supremo recuerda que su sentencia proclamaba con nitidez que el delito de sedición es algo más que un delito contra el orden público:

> Lo que el hecho probado de nuestra sentencia declara
> –por más que lecturas parciales e interesadas reiteren lo
> contrario– no es identificable con el simple desbordamiento
> de los límites del orden público. Antes, al contrario, lo que
> describe el juicio histórico es un ataque a la paz pública y a
> la observancia de las leyes y resoluciones como fundamen-
> to de la convivencia en el marco constitucional.

No obstante, varias de las solicitudes de indulto justifican la extinción de la responsabilidad criminal por la desproporción de las penas ante un delito contra el orden público.

El tribunal también explica que abordar el debate sobre la constitucionalidad de la amnistía como fórmula de extinción generalizada de la responsabilidad criminal declarada por los jueces y tribunales desbordaría los términos propios de este informe de indulto. Pero añade que «esa preferencia por la amnistía –justificada en momentos políticos de transición de un sistema totalitario hacia un régimen democrático– prescinde de una enseñanza histórica que evidencia que, en no pocos casos, las leyes de amnistía han sido el medio hecho valer por regímenes dictatoriales para borrar gravísimos delitos contra las personas y sus derechos fundamentales». Aun así, no es enteramente cierto, como algunos sostienen, que los indultos no sirven para hacer política sino para restablecer la justicia y equidad, puesto que se olvidan de que la ley también habla de su utilidad pública. En consecuencia, también son legítimos para la solución de un conflicto político, público y social.

Todos los tribunales europeos que recibieron del juez instructor español una orden de detención y entrega la tramitaron y detuvieron a Puigdemont como ordena la

Decisión Marco, pero también todos rechazaron la existencia de los delitos de rebelión o sedición porque los hechos que sustentaban la petición no eran delito en sus respectivos países. Tan solo Alemania, como decíamos, accedió a entregarlo por un posible delito de malversación de caudales públicos.

Este es el panorama al que tendrá que enfrentarse el Estado español cuando los recursos lleguen al Tribunal Europeo de Derechos Humanos. En definitiva, este solo puede pronunciarse si los condenados tuvieron un juicio equitativo con arreglo a los cánones que exige un Estado de derecho democrático. La demanda de los condenados se ha tramitado y está a la espera de sentencia.

El Derecho Penal siempre es la última razón de intervención o de aplicación frente a conflictos políticos y democráticos. Los líderes políticos españoles, en esos momentos, siguiendo los antecedentes de la cuestión canadiense (Quebec), el referéndum escocés y la independencia de la Padania (Italia) no deberían haber enviado a prisión a los que promovieron el *procés* y que, al parecer, como sucede en el caso de Escocia, lo volverían a hacer sin haber dado muestras de arrepentimiento. Esto, para algunos políticos, sí resulta necesario, como si en política hubiese que abjurar de los errores como en los tiempos de la Santa Inquisición.

Vivimos actualmente un momento en el que, además del ancestral problema catalán, se han acumulado acontecimientos que han hecho difícil el escenario político. El Gobierno no solo ha tenido que hacer frente a la pandemia, situación complicada y difícil de manejar en cualquier país, sino que ha tenido que gestionar una cuestión que, repito, nunca debió llegar a los tribunales.

En este contexto y como era de esperar, el Tribunal Supremo lo único que ha hecho ha sido reiterar su postura sin haber reconsiderado una posible corrección que dignificaría su labor de juzgar y ha lanzado durísimas imputaciones realizadas a los funcionarios de las Instituciones Penitenciarias de Cataluña e indirectamente a los jueces de Vigilancia Penitenciaria, acusándoles de un delito de prevaricación. Tampoco ha revisado su posición sobre la concesión o no de los indultos solicitados, recuérdese que por personas distintas de los condenados, atendiendo al tiempo que los condenados llevan en prisión y las circunstancias, incuestionablemente políticas, de todo lo sucedido desde la puesta en marcha de la hoja de ruta hasta la aplicación del artículo 155 de la Constitución, que puso fin al problema disolviendo la Generalitat y el Parlament y convocando nuevas elecciones.

En mi opinión, sobraba la referencia al Derecho Comparado en la sentencia, porque solo desde una óptica puramente subjetiva y alejada de la objetividad que debe presidir una resolución judicial se puede comparar una actividad legislativa y parlamentaria con un movimiento insurreccional. Se podía haber ahorrado porque los supuestos son radicalmente distintos.

Insisto en que la sentencia y la durísima condena no encajan en los principios de una democracia que tiene resortes suficientes para evitar la criminalización de una actividad política, como ha demostrado la aplicación del artículo 155 de la Constitución. Soy consciente de que mi posición crítica contra la sentencia en artículos de prensa y en mi libro *El gobierno de las togas* me ha ocasionado ciertos vetos informativos, pero considero que he contribuido al debate puramente académico y científico que debe presidir la racionalidad de la aplicación del Derecho. Lo he repetido en varias ocasiones: si yo hubiera formado parte del tribunal, todo lo que he mantenido, por supuesto acomodado a las exigencias del texto de una sentencia, no hubiera sido el resultado de mi voto particular disidente.

Me remito a lo que he dicho en mi libro, pero quisiera terminar este apartado poniendo de relieve dos puntos de la sentencia que desmontan cualquier posibilidad de considerar los actos juzgados como un delito de rebelión o sedición. Respecto de lo sucedido el 27 de septiembre de 2017 ante la Consejería de Hacienda, la sentencia que no podemos modificar dice textualmente que durante esas horas se escucharon gritos reivindicativos, se repartió agua y bocadillos y se celebraron eventos musicales, lo que no da pie para construir un delito de sedición. Termina reconociendo que la secretaria del Juzgado llevó a cabo la diligencia de registro con dificultades, si bien añade que salió mezclada con los espectadores de un teatro, circunstancia absolutamente inexacta según se desprende de la grabación de las sesiones del juicio oral. En relación con lo sucedido el 1 de octubre de 2017 en algunos de los colegios electorales, pudo resultar desproporcionada la actuación de la Guardia Civil y de la Policía Nacional, por lo que recibió orden de retirarse a las 14 horas. Hasta las 20 horas se votó con normalidad

Reconforta saber que en dos votos particulares del Tribunal Constitucional se reconoce, por lo menos, que esos hechos calificados como sedición podrían, en todo caso, ser constitutivos de un delito de desobediencia por lo que la pena resulta desproporcionada. Esperemos que los acontecimientos futuros y las decisiones que procedan del Tribunal Europeo de Derechos Humanos reconduzcan esta injustificada sentencia.

3. El anglicismo *lawfare* se instala en nuestro sistema judicial

La expresión inglesa *lawfare* significa sustituir la violencia de la guerra por la utilización torticera del derecho. Si el objetivo fuese exclusivamente sustituir las armas por el derecho, nada tendríamos que objetar. Al contrario, deberíamos congratularnos de que por fin se habrían alcanzado las teorías que Kelsen propugnaba cuando escribió su magna obra *La paz por medio del derecho*.

Lamentablemente, la realidad le ha dado un contenido radicalmente diferente. Se trata de una estrategia que busca conseguir en las vías judiciales, previamente ideologizadas, una resolución que, desconociendo el principio de la división de poderes y la imparcialidad, deja sin efecto las decisiones emanadas de la soberanía popular respecto de la elección de sus representantes y del Poder Ejecutivo. Se trata, en definitiva, de utilizar a los activistas judiciales para echar por tierra decisiones jurídicas con efectos políticos.

Recomiendo encarecidamente a los jueces un libro en el que se recogen las sentencias básicas del Tribunal Supremo de los Estados Unidos de América[4], cuya lectura debería comentarse en la Escuela Judicial. En su texto, el

---

4 *Las sentencias básicas del Tribunal Supremo de los Estados Unidos de América* (prólogo y recopilación de Miguel Beltrán de Felipe y Julio V. González García).

autor advierte que la judicialización de la vida norteamericana no es algo nuevo. Ya lo dijo hace 170 años Alexis de Tocqueville en *La democracia en América*, y no vamos a repetirlo ahora, puesto que el protagonismo de los jueces norteamericanos no es equiparable al que es común en otros países. Aun así, vale la pena insistir en que no se trata solo de judicialización, desde el punto de vista de la vida política, sino de la división de poderes, Por sintetizar lo más relevante, destaco la postura adoptada por el Tribunal Supremo en el año 1937 cuando el presidente Franklin D. Roosevelt inició su política progresista del *new deal* que fue liquidada, sentencia a sentencia, por el Tribunal Supremo, como veíamos. Muchos juristas se preguntan si se trató de una pugna democrática y, por consiguiente, legítima o más bien de un intento totalitario de controlar a quienes ostentan el poder legitimado por la soberanía popular.

Un ilustre constitucionalista francés, Édouard Lambert, en su obra *El gobierno de los jueces* critica que muchas veces estos se olviden del caso concreto que tienen entre manos, y traten de elevarse sobre el mismo para poner en cuestión decisiones que emanan de la política y que corresponden a otros poderes del Estado. Así, también sostiene que: «Mientras los jueces se las dan de autómatas cuando en realidad ellos son los árbitros de la acción pública y de las exigencias prácticas, ocultarán necesariamente su sabiduría bajo el manto de un conceptualismo supuestamente vinculante que convierten en confusas, muchas de las cosas que sin él serían simples y claras». Resalta, después, una cita del profesor Gray, tomada del obispo Hoadley: «Cuando el juez tiene autoridad absoluta para interpretar leyes escritas u orales se convierte en legislador en todos los sentidos y a todos los efectos, y no la persona que las ha escrito o dictado».

En realidad, la doctrina conocida como *lawfare* nace en Estados Unidos con otras finalidades. Tradicionalmente, su política exterior consideraba que toda América Latina era su patio trasero y derribaba o ponía gobiernos a base de golpes militares, aunque es evidente que no pudieron controlar lo que sucedió después de los golpes militares en Argentina, Chile y Uruguay. Las juntas militares cometieron verdaderos crímenes contra la humanidad, torturando y haciendo desaparecer personas en unos términos intolerables para una parte de la opinión pública norteamericana y mundial. Los especialistas analizaron la situación y llegaron a la conclusión de que podían prescindir de la brutalidad de las armas encomendando la función de derribar gobiernos a los tribunales de justicia de algunos países proclives a utilizar el derecho como arma, sin necesidad de utilizar al ejército. El experimento resultó eficaz primero con Lula da Silva y Dilma Rousseff (Brasil), Evo Morales (Bolivia), Rafael Correa (Ecuador) Fernando Lugo (Paraguay). Como en su tiempo dijo Plutarco: «El tiempo de las armas no es el de las leyes».

El concepto de *lawfare* ha tenido una recepción generalizada en el mundo político y jurídico europeo y español, de momento sin la intención de sustituir la democracia por una nueva dictadura que nos expulsaría de la Unión Europea. La labor de zapa de algunos sectores de la judicatura ha consistido en perseguir judicialmente a los partidos y personas alineados a la izquierda del espectro político con la apertura de procedimientos penales elaborados en las cloacas del Estado, como en el caso de los líderes de Podemos y de Ada Colau, entre otros. El efecto desgaste consiguió sus objetivos, pero lo cierto es que, salvo en los casos de Isa Serra y Alberto Rodríguez, no hubo condenas y los procesos terminaron archivándose. En realidad, la utilización de los tribunales como arma de persecución ya podemos encontrarla en el Tribunal de Orden Público, organismo judicial de la dictadura que perseguía a los disidentes del régimen. En este sentido, hoy día no solo nos encontramos ante decisiones judiciales absolutamente ilegales, irracionales y arbitrarias, sino ante una proliferación preocupante del uso de la justicia como arma política. Estadísticamente es fácilmente demostrable. Los procesos judiciales se incrementan a partir del 15M y se intensifican con la irrupción inesperada y arrolladora del partido político Podemos. El activismo judicial está promovido, en la mayoría de los casos, por la utilización espuria de la acusación popular por parte de fantasmagóricas asociaciones de signo ultraderechista, en ocasiones acompañadas por partidos políticos. De hecho, han sido admitidas a trámite unas querellas en esta línea que no cumplen con los requisitos exigidos en la Ley de Enjuiciamiento Criminal.

En algún caso el Tribunal Supremo incluso ha tenido que reaccionar ante una demencial querella que pretendía el procesamiento del presidente del Gobierno y no sé cuántos ministros y terminaba imputando al Gobierno la consideración de organización criminal. El rechazo, en mi opinión, se queda corto, puesto que debió hacerse alguna consideración sobre la salud mental de los querellantes. El Tribunal Supremo parece que ha tenido que plantarse. Ya veremos cuáles son las consecuencias que se derivan de esta resolución.

Para no alargarme demasiado, me voy a centrar en una de las innumerables y emblemáticas querellas contra Podemos, el llamado caso Neurona, en la proliferación de querellas contra Ada Colau y en una cuestión que me parece que ha pasado inadvertida y en la que aún hoy se observa una inacción e incluso una incalificable justificación judicial del acoso a lo largo de un año a la vivienda de Pablo Iglesias, Irene Montero y sus hijos.

En primer lugar, el llamado caso Neurona toma su nombre de la consultora mexicana del mismo nombre que contrató Podemos para asesoramiento en relación con las elecciones generales de abril de 2019. Detengámonos en la cronología de los acontecimientos, porque me parece significativa y sugerente. Como es sabido, Podemos, en enero de 2020, formó, con el PSOE, el primer gobierno de coalición de la democracia. El caso Neurona se abrió pocos meses después, en julio de 2020, y mantuvo imputado al partido hasta septiembre de 2023. Es decir, Podemos ha estado bajo «sospecha judicial» la mayor parte del tiempo que ha gobernado en España mientras se investigaba la posible existencia de un delito electoral.

El magistrado del Juzgado de Instrucción n.º 42 de Madrid, Juan José Escalonilla, abrió una causa cuya línea principal de investigación era el contrato con la consultora mexicana. Pero, como suele suceder en casos como este, se fueron acumulando líneas de investigación con el único objetivo, como hoy sabemos, de transmitir a la opinión pública la existencia de una corrupción generalizada en el seno del partido. Indagó si se había desviado dinero de la caja de solidaridad de la formación (el fondo al que los altos cargos de Podemos donan parte de su sueldo a fines sociales) o si se pagaban sobresueldos a la gerente y el tesorero. Escalonilla sostuvo que se pagó a la consultora mexicana por unos servicios que no realizó. Al no encontrar base alguna, encargó un informe pericial. Resultan muy reveladoras algunas de sus conclusiones, que resalto a continuación: «Más allá de los gustos personales o la opinión de cada particular en relación con los trabajos analizados en la presente prueba pericial», los mismos «cumplen con los cánones y estándares profesionales en el ámbito de la comunicación política internacional y el diseño de las campañas».

El informe descartaba anomalías por lo que el magistrado instructor decide que:

> En base a lo anterior, no consta indiciariamente acreditado que el numerario de la cuenta electoral desde la que se abonó el importe de dicho contrato fuera distraído para fines distintos a los contemplados en la LOREG, razón por la cual no cabe apreciar la presunta comisión de un delito de apropiación indebida de fondos electorales, ni tampoco del delito electoral.

Sin embargo, el mal ya estaba consumado. El caso había comenzado, como es habitual, por el ejercicio de la acción popular por el partido político VOX.

Por otro lado, las condenas a Isa Serra y Alberto Rodríguez me parecen escandalosas. En enero de 2014, Serra participó en una protesta en el barrio de Lavapiés por el desahucio de una persona con discapacidad. Cualquier expresión verbal en ningún caso puede entenderse como una ofensa al llamado principio de autoridad, sino como un grito de protesta e indignación ante un hecho que hiere la sensibilidad de cualquier persona que tenga un mínimo sentido de la ética y la dignidad del ser humano. El atentado o agresión carece totalmente de base probatoria. A su vez, lo sucedido con el diputado de Podemos Alberto Rodríguez es todavía más grave porque involucra a altas instituciones del Estado. En el año 2014 participó en una protesta contra la ley de educación con ocasión de una visita del entonces ministro de Educación a La Laguna (Tenerife). Se le imputó haber propinado una patada en la rodilla a un policía. El Juzgado de Instrucción inició unas diligencias que guardó en la gaveta durante seis años. Sorpresiva y sospechosamente, (aunque existen indicios de que fue a instancia del entonces presidente de la Sala Segunda Manuel Marchena), el 10 de diciembre de 2020 se remite testimonio a la Sala Segunda del Tribunal Supremo que, después de los trámites preceptivos, dicta sentencia condenatoria con fecha 6 de octubre de 2021.

El diputado canario fue expulsado del Congreso de los Diputados en virtud de una resolución de la presidenta, Meritxell Batet, huérfana de argumentos jurídicos y constitucionales. Una vez más fuimos una extraña galaxia en el mundo del parlamentarismo y de la cultura democrática. En esta lamentable perversión de las instituciones que vertebran el Estado de derecho, la presidenta del Congreso de los Diputados, el 22 de octubre de 2021, saltándose el reglamento del Congreso en el que se regulan las causas de suspensión y de pérdida de la condición de diputado, interpreta, con el dictamen en contra de los letrados que, con arreglo al artículo 6 de la Ley de Régimen Electoral General, va a proceder a su sustitución, es decir, que lo expulsa del Congreso y así lo comunica a la Junta Electoral Central para que proceda en consecuencia. Estuvieron involucrados, en su momento, la presidenta del Congreso de los Diputados, el Tribunal Supremo y la Junta Electoral Central. Afortunadamente, el Tribunal Constitucional restituyó el orden jurídico institucional a los cauces de donde nunca debió salir. Anula el acuerdo de la presidenta del Congreso y le restituye en su condición de diputado, pero ya era tarde. La legislatura había concluido, el atropello gravísimo a la democracia ya era irreversible y todo se había consumado.

Finalizo esta parte del relato de la persecución judicial contra Podemos con la inaudita persecución judicial padecida por la alcaldesa de Barcelona Ada Colau. Soportó estoicamente hasta 16 querellas sin fundamento alguno. Es cierto que fueron archivadas, pero nunca debieron ser admitidas a trámite. La más significativa es la que interpuso la empresa de abastecimiento de aguas a la ciudad de Barcelona (AGBAR) ante sus intentos de revertir la concesión y municipalizar un servicio esencial que nunca se debe poner en manos de intereses privados puesto que, como es lógico, persiguen beneficios económicos a costa de un suministro vital para la subsistencia de un ámbito urbano. En todo caso esta confrontación nunca debió salir del ámbito contencioso-administrativo. De parecida índole son un grupo de querellas referentes a planes urbanísticos pioneros que ya se habían experimentado en otras ciudades europeas y que afectaban a la especulación inmobiliaria perseguida por los llamados fondos de inversión inmobiliaria (llamarles fondos buitres me parece ofensivo para estas aves tan ecológicas). De la misma manera, si existía alguna infracción, correspondía a los tribunales de lo contencioso-administrativo dilucidar el conflicto.

Me parece que es necesario un comentario final. Todo lo acontecido se ha desarrollado con el masivo apoyo mediático de los sectores de la prensa llamada conservadora y de la que, sin ambages, se sitúa en la caverna de la extrema derecha e incluso del fascismo. Algunos jueces y juezas se alinean con estas posiciones. Frente a lo que muchos piensan, no es el conocimiento y manejo de las leyes o la búsqueda de fundamentos en las bases de datos jurisprudenciales lo que legitima a las personas que ostentan la potestad de juzgar. La función judicial tiene además la obligación de saber resistir las presiones, a veces brutales, de esos sectores. Siempre acudo, en este sentido, a las reflexiones que lord Lyndhurt, canciller de la Reina Victoria, sobre los valores que deben adornar a un juez, en las que sostiene que la inteligencia y el valor son más importantes que el conocimiento de las leyes.

Pero también han concurrido otros factores. Muchos partidos políticos democráticos han asistido, con cierta impasibilidad, a esta verdadera cacería de algunos jueces contra un partido político emergente, refugiándose en el mantra del acatamiento y respeto a las decisiones judiciales cuando solo se *acatan* las órdenes que reciben los militares en el ámbito castrense, mientras que las resoluciones judiciales pueden y deben ser objeto de crítica académica, social y política. Los jueces no hemos sido ungidos con el don de la infalibilidad. A pesar de ello, que quede claro, las sentencias firmes hay que cumplirlas por muy disparatadas que nos parezcan.

4. La ofensiva judicial para derribar al Gobierno de coalición, focalizada en el presidente del Gobierno

Como persona que ha desempeñado sus funciones, durante más de 40 años, primero en el seno de una institución de relevancia constitucional como el Ministerio Fiscal y los últimos 22 como magistrado del Tribunal Supremo, no me puede extrañar el sesgo derechista de una gran parte de la judicatura. Me resisto a emplear el calificativo de conservadores porque siempre he tenido como referencia el conservadurismo inglés y la reflexión de una de las personas que más ha influido en mi formación intelectual, Albert Camus, que me inculcó una idea cargada de racionalidad y lógica: «Yo sería conservador si lo que hay que conservar merece la pena».

En estos momentos nos encontramos ante una ofensiva judicial impregnada de ideología reaccionaria que, sin complejos, pone su papel institucional al servicio de los partidos políticos de la oposición parlamentaria que pretenden derribar al Gobierno no por la vía de la moción de censura, sino por la descalificación de su legitimidad democrática. Realizan concentraciones togadas ante los Palacios de Justicia o convocan huelgas contra medidas legislativas, todavía en trámite, que pretenden una modificación del bárbaro sistema actual de acceso a las carreras judicial y fiscal. Para expresar su discrepancia están los órganos asociativos y por supuesto, las comparecencias personales en los medios de comunicación abiertos para mostrar su crítica. La huelga, según ha dicho el propio Consejo del Poder Judicial, no tiene cobertura normativa.

Antes de examinar detalladamente, caso por caso, los tres principales frentes judiciales abiertos (la esposa y el hermano del presidente, además del fiscal general del Estado), quiero hacer referencia a algunas decisiones del Gobierno y del Grupo Parlamentario Socialista que, en mi opinión, merecen un comentario crítico. Me parece incomprensible la posición que adoptaron ante las críticas a la parte de la Ley Integral contra la Violencia de Género, conocida vulgarmente como ley de «solo sí es sí». El texto me parece impecable y ha sido objeto de elogios en otros países que lo han tomado como modelo, y sin duda se podía haber presentado de manera que dejase claro que en nada afectaba a la presunción de inocencia, pero, en ningún caso, modificarla como se hizo.

En otro acontecimiento judicial que ha sido y sigue sirviendo como munición discursiva a la oposición política y los medios que la apoyan llama la atención la falta de capacidad dialéctica para hacer frente a la persecución judicial iniciada por la jueza Alaya, diez años después, en el caso de los ERE. El Tribunal Constitucional ha tenido que restaurar el principio de la división de poderes, poniendo de relieve algo tan elemental como la primacía de la actividad legislativa frente al dislate judicial que pretendió criminalizarla.

Esta ofensiva judicial se pone en marcha por impulsos de organizaciones ultraderechistas (Manos Limpias, Hazte Oír, Abogados Cristianos y otras) que se han especializado, como «defensores de la legalidad», en la utilización abusiva de la acción popular, dirigiéndola exclusivamente contra el espectro ideológico de izquierdas. Del mismo modo, sospechosamente la acción directa contra el entorno familiar del presidente del Gobierno se produce después de que el Partido Popular y su presidente Núñez Feijóo viesen frustradas sus expectativas de llegar a la Presidencia del Gobierno en las elecciones del 23 de julio de 2023.

El cúmulo de anomalías procesales y de decisiones judiciales inspiradas por intenciones políticas y no por la legalidad procesal que concurren en los procedimientos abiertos contra el entorno familiar del presidente del Gobierno y el fiscal general del Estado no tiene precedentes en la historia judicial española. Entre otras anormalidades, se ha producido la entrada de un juez en la sede del Poder Ejecutivo para preguntar a Pedro Sánchez si Begoña Gómez es su esposa. Menos mal que no le obligó a salir para presentar el libro de familia o el certificado de matrimonio. Parece que le tomó querencia a la medida y decidió repetirla para preguntar al ministro de la Presidencia y de Justicia sobre un hecho notorio, como era que una funcionaria de Presidencia estaba adscrita al gabinete de apoyo a la esposa del presidente para asistirla en sus actividades de protocolo o profesionales. No sé si existe un premio internacional Sherlock Holmes, pero sin duda se lo merece.

Antes de entrar en el examen de las «actividades profesionales» investigadas por los jueces Peinado y Hurtado voy a formular mi reproche a la inactividad o pasividad de la Presidencia y, en cierto modo, de la Fiscalía General del Estado ante la insólita, desmedida e inconstitucional entrada de un juez en sus recintos sin causa ni motivación alguna. Debieron recurrir la medida y oponerse a su práctica por ser absolutamente desproporcionada e incluso peligrosa para la seguridad nacional. Respecto de estos dos casos se debió reaccionar de manera enérgica con los instrumentos procesales y los principios constitucionales contra las decisiones arbitrarias. Se podían haber exigido alternativas como la declaración por escrito e incluso por videoconferencia. Un juez equilibrado y consciente de la trascendencia de sus decisiones debió medir el impacto mediático, nacional e internacional, que produce la noticia de que un juez entre en la sede de la Presidencia del Gobierno para investigar un delito tan banal como la posible adjudicación irregular de una cátedra a la esposa del presidente. El juez Hurtado, que además es magistrado del Tribunal Supremo, decidió allanar la Fiscalía General del Estado de forma absolutamente desproporcionada y peligrosa para la estabilidad democrática. Ha conseguido llevar su investigación hasta la apertura del juicio oral, con la aquiescencia de la Sala, salvo el voto disidente del magistrado Palomo del Arco que ha desarbolado cualquier opción condenatoria. En el momento de escribir estas líneas se ha celebrado el juicio en la Sala Segunda del Tribunal Supremo y se ha anticipado una condena por un delito contra las Administraciones Públicas (art. 417.1 del Código Penal) aunque desconocemos el contenido de la sentencia.

Examinaremos, ahora con más detalle, cada uno de los casos.

Caso de Begoña Gómez, esposa del presidente del Gobierno

En los anales de las actuaciones judiciales instrumentalizadas con el único propósito de favorecer los objetivos políticos de la oposición al Gobierno, en este caso PP y Vox, es difícil encontrar una actuación judicial que supere la que, todavía en estos momentos (7 de noviembre de 2025) está llevando a cabo, después de más de un año y medio largo, el Juzgado de Instrucción n.º 41 de Madrid, cuyo titular es el juez Peinado. Nunca deja de sorprendernos con sus decisiones, algunas veces extravagantes y en su práctica totalidad desprovistas de la más mínima fundamentación y plagadas de una redacción difícil de entender.

Arranca con una decisión que se asemeja a las bendiciones papales *urbi et orbi*:

> Los hechos objeto de investigación son todos los actos, con-
> ductas y comportamientos que se han llevado a cabo por la
> investigada desde que su esposo es presidente del Gobierno
> de España que se contienen en la denuncia inicial, con exclu-
> sión de los hechos relativos a los contratos adjudicados a la
> Unión Temporal de Empresas constituida por las empresas
> Innova Next y Escuela de Negocios The Valley, por la entidad
> pública Red.es, financiados con fondos europeos y cuyo
> conocimiento fue avocado por la Fiscalía Europea.

Podría haber ampliado el ámbito temporal retrotrayén-
dolo a la fecha en la que contrajeron matrimonio.

Según se puede leer en los boletines informativos de la
Universidad Complutense, aparece publicado el acuerdo
del Consejo de Gobierno de fecha 15 de diciembre de
2015, por el que se aprueba el reglamento de creación
de cátedras extraordinarias y otras formas de colaboración entre la Universidad Complutense de Madrid y las
empresas. Estas empresas podrán tener competencias en
«la formación en valores ciudadanos de los miembros de
la comunidad universitaria», así como en «la promoción
cultural y científica de la comunidad universitaria, para
mejorar su capacidad de anticipación a los cambios sociales, ideológicos, culturales, científicos y tecnológicos».

En octubre de 2020, la Universidad Complutense de
Madrid otorgó la Cátedra de Transformación Social
Competitiva y un máster del mismo título a Begoña Gómez Fernández, esposa del presidente del Gobierno,
acogiéndose al reglamento antes citado. Desde hacía
muchos años, Begoña Gómez, que posee el título de
bachiller, se había dedicado a actividades relacionadas
con la mercadotecnia, dirección comercial y *marketing* y

maestría en administración de negocios. La designación se realizó según lo previsto en el artículo 13.2 que autoriza al rector, excepcionalmente y por causas justificadas, a designar como director/a de la cátedra a alguien sin vinculación laboral con la universidad y sin necesidad de licenciatura universitaria. En estos casos se designará un/a codirector/a con vinculación laboral con la UCM. Los patrocinadores fueron la Fundación La Caixa y Reale Seguros, con una aportación inicial de Telefónica.

Desde octubre de 2020 hasta abril de 2024 la cátedra funcionó con normalidad y sin incidencias corporativas ni judiciales. Sorpresivamente, el 16 de abril de 2024 el juez Peinado, titular del Juzgado de Instrucción n.º 41 de Madrid, abrió las diligencias previas 1146/2024 en virtud de unos recortes de prensa presentados por el «prestigioso gabinete jurídico», conocido como Manos Limpias, por los posibles delitos de corrupción en el sector privado y tráfico de influencias. La querella incurría en un clamoroso fraude de ley, ya que no reunía los requisitos exigidos por el artículo 277 de la Ley de Enjuiciamiento Criminal. Si la decisión de admitir la querella con estos mimbres se plantea en una facultad de Derecho y el alumno concluye que se procede a su admisión a trámite tendría serios problemas para ser aprobado. El juez Peinado, que asumió al tomar posesión de su cargo la obligación de hacer cumplir el ordenamiento jurídico, parece que se olvidó de su juramento o promesa.

A partir de este momento, se desencadena una cascada de irregularidades que es difícil de superar. La ley impone a los jueces el deber de practicar las diligencias de investigación con la debida celeridad y concreción, salvo circunstancias extraordinarias y para investigar los delitos de corrupción en el sector privado y tráfico de influencias ya ha traspasado el lapso de un año. Para justificar su demora, ha introducido unos nuevos delitos de malversación de caudales públicos, apropiación indebida e intrusismo y ha querido investigar, aunque se lo han impedido, el rescate de una aerolínea cuya legalidad ha sido avalada por el Tribunal de Justicia de la Unión Europea.

Es imposible encontrar en los anales de las investigaciones judiciales un cúmulo tal de excentricidades y anomalías procesales con el único objetivo de alimentar la confrontación y el debate político, sin tener en cuenta el daño institucional que está ocasionando y la lesión añadida a la persona investigada. Si no fuera porque lo que está sucediendo es muy grave, el esperpento de solicitar la colocación de una tarima para tomar declaración al ministro de la Presidencia y Justicia en el seno del complejo residencial de la Presidencia del Gobierno podría servir como guion de una película de Berlanga o de los hermanos Marx.

De hecho, ante la acumulación de abogados, funcionarios y testigos, el recinto resultó ser lo más parecido al camarote de los hermanos Marx. Pero faltaba el estrambote final. Cuando iba a comenzar el acto decidió que su autoridad judicial no podía colocarse al nivel de los interrogados, por lo que solicitó una tarima. Este adminículo no existía en el atrezo de Presidencia y tuvieron que construirlo sobre la marcha los carpinteros, que, al parecer, tardaron dos horas. Uno de los asistentes, con notable sentido del humor, preguntó si no habría un taburete en la cafetería que pudiera solucionar el «ineludible requisito» de la preeminencia judicial. Teniendo en cuenta su irrefrenable tendencia a instalarse en el Palacio de la Moncloa, me permito recomendar que no la desmonten.

La más surrealista es el desdoblamiento de la personalidad de Pedro Sánchez, presidente del Gobierno y esposo de Begoña Gómez. Como presidente del Gobierno tiene derecho a declarar por escrito, lo que se le ha negado sin motivación alguna, y como esposo de Begoña Gómez tendría que haber ido a la Plaza de Castilla. Pero Peinado optó por pasar a la historia entrando en el Palacio de la Moncloa, sede del Poder Ejecutivo, con el aplauso entusiasta del coro mediático que sueña con su dimisión. Cualquier persona medianamente sensata, al conocer la noticia de que un juez de instrucción entra en el recinto del complejo presidencial, piensa que algo muy grave se está investigando.

La noticia, como es lógico, tuvo repercusión en los medios de otros países que no conocían los entresijos de tan arbitraria, desproporcionada e ilegal decisión. En un alarde de desprecio a sus deberes jurisdiccionales, tomó tan grave decisión para averiguar si Pedro Sánchez era el esposo de Begoña Gómez. Una vez cumplidos los trámites de control y entrada en la Presidencia del Gobierno, le preguntó si era el esposo de Begoña Gómez, lo que era notorio y evidente. La diligencia duró dos minutos porque, al contestar afirmativamente, se acogió a su derecho a no declarar.

Creo que es el momento oportuno para reflexionar sobre los límites de los jueces cuando actúan en asuntos penales que afectan a los otros dos poderes y a otras altas magistraturas del Estado. Sorprende el alineamiento de numerosos sectores judiciales y del mundo jurídico y político de la derecha que apoyan y aplauden la postura del juez Peinado. A ellos me permito recomendar la lectura de los Principios de Bangalore, aprobados por Naciones Unidas, para el fortalecimiento de los principios básicos de la conducta judicial. Están formulados para servir de guía a los jueces y para proporcionar a la judicatura un marco que regule la conducta judicial. Estos principios presuponen que los jueces son responsables de su conducta frente a las instituciones correspondientes establecidas para mantener los estándares judiciales (en nuestro caso, el Consejo General del Poder Judicial) que tienen como objetivo complementar y no derogar las normas legales y de conducta existentes que vinculan a los jueces. Un juez exhibirá y promoverá altos estándares de conducta judicial, con el fin de reforzar la confianza del público en la judicatura, que es fundamental para mantener la independencia judicial.

Un observador razonable, expresión que emplea el texto de Naciones Unidas, podrá llegar a la conclusión de que toda la actuación del juez Peinado carece no solo de rigor jurídico, sino que constituye un compendio de actuaciones y decisiones al margen de la legalidad, incluido el deber de motivación. El incumplimiento de esta obligación constitucional constituye una falta muy grave por la absoluta falta de motivación de las resoluciones judiciales (art. 417.15 de la Ley Orgánica del Poder Judicial).

Le recuerdo al señor Peinado que la exposición de motivos de nuestra ley procesal penal vigente, redactada por Alonso Martínez, recomienda a los jueces de instrucción que tomen la iniciativa, evitando la prolongación indefinida de las actuaciones de investigación. Sentado en su tarima de la Plaza de Castilla espera que alguna de las acreditadas y solventes acusaciones populares le sugieran la práctica de alguna diligencia, y así ha ido incorporando delitos en cadena (apropiación indebida, malversación y prevaricación). Parece que se ha centrado en una imaginativa existencia de un delito de malversación por haber encargado a una funcionaria de la Moncloa la tarea de asistir a Begoña Gómez a ordenar su agenda y actividades. Haciendo gala de su imparcialidad, cuando los testigos le informaron que era habitual y que así se había hecho con anteriores esposas de otros presidentes, reaccionó airado y les advirtió de que no lo tendría en consideración y, por tanto, estos datos no figuran en las actuaciones.

Como era de esperar, la escena que vino a continuación no podía defraudar las expectativas que se habían despertado. El vídeo que recoge lo acontecido se ha exhibido en todas las televisiones y medios, lo que me permite darlo por reproducido. El señor Peinado, con notorio desconocimiento de cómo se debe practicar la prueba testifical, en un momento de la declaración pierde los papeles y ordena iracundo al ministro que abandone la sala y traiga un documento que figuraba en los archivos oficiales. Ante semejante temeridad y en otras circunstancias, el testigo podría haber aprovechado tal dislate para destruir las pruebas. Se ve que hace tiempo que no ha leído la Ley de Enjuiciamiento Criminal.

El cúmulo de desatinos, aplaudido con fervor por toda la derecha política y mediática, hasta ahora no ha merecido la atención del Consejo General del Poder Judicial. Está en juego el debido respeto de los jueces y tribunales a las obligaciones de la función jurisdiccional. Que conste que todo lo que he escrito también lo reproduciría íntegramente si se tratase de un presidente y su esposa del Partido Popular.

La esposa o compañera de un presidente del Gobierno puede ser ingeniera, médico o profesora y en ningún caso tiene que renunciar a su actividad profesional por el hecho de que su marido o compañero haya alcanzado tan alta distinción y que, por razones de seguridad, tenga que trasladar su domicilio al Palacio de la Moncloa. Una vez instalados, sus ocupaciones se ven incrementadas por el nuevo estatus que implica ser la esposa del presidente, por lo que, aunque el gabinete de apoyo no está institucionalizado, desde hace tiempo se ha consolidado como una práctica habitual que, por lo menos data de la época de la Presidencia de José María Aznar, pasando por José Luis Rodríguez Zapatero y Mariano Rajoy. Begoña Gómez ha dispuesto de este apoyo desde su llegada a la Moncloa en el año 2018 sin que nadie, desde la oposición o los medios de comunicación, haya formulado objeción alguna.

Inasequible al desaliento acordó tomar declaración a Begoña Gómez y a la funcionaria de Presidencia por un posible delito de malversación por utilizar el dominio de correo electrónico de Presidencia en asuntos relacionados con la cátedra, hecho notorio que se puede confirmar con una declaración por videoconferencia, sin necesidad de que hagan «el paseíllo» ante los medios de comunicación en la explanada de los juzgados de la Plaza de Castilla. Cuando estoy escribiendo estas líneas me entero de que la última extravagancia ha sido requerir a la Secretaría General de Presidencia del Gobierno para que remita a este Juzgado copia de los correos desde el día 11 de julio de 2018 hasta el día de la fecha, encomendando a la UCO que los maneje como estime conveniente sin límites ni cortapisas. Pura y simplemente la diligencia es nula por vulnerar derechos fundamentales y puede ser objeto de sanción disciplinaria.

En definitiva, últimamente ha entrado en un bucle procesal del que le va a ser muy difícil desembarazarse. Decidió segregar unos hechos que consideró constitutivos de un delito de malversación de caudales públicos porque Begoña Gómez, como decíamos, había utilizado el correo electrónico de Presidencia para organizar algunos aspectos del funcionamiento de la cátedra. La capacidad de razonamiento del juez Peinado está bajo mínimos y una vez más es incongruente. Utilizar un correo no tiene ningún coste. Sin embargo, trasladarse a la Universidad Complutense supone movilizar el coche oficial y a los escoltas y concertarse con el Rectorado para que adopte también las medidas necesarias, en fin, un gasto innecesario que se carga sobre fondos públicos propiciado por el señor Peinado.

Como ya hemos dicho la «querella» inicial se había interpuesto por tráfico de influencias y corrupción en los negocios, lo que le obligaba, desde el comienzo, a tramitarla de conformidad con lo dispuesto en la Ley del Jurado. Según la Ley Orgánica del Poder Judicial, incurren en nulidad de pleno derecho los actos procesales en los que se ha prescindido de las normas esenciales del procedimiento. No hay duda de que se le ha causado indefensión a la investigada. Si no quiere seguir conculcando las normas procesales, tiene que convocar la vista preliminar que contempla la Ley del Jurado y decidir sobre el sobreseimiento, la práctica de nuevas diligencias o la apertura del juicio oral, lo que da lugar a la denuncia de vulneración de derechos fundamentales. Para que los lectores no piensen que me he excedido en la crítica, termino con la reproducción del pasaje de un artículo publicado en el diario *El País*. Lo firma Álex Grijelmo,[5] uno de los más prestigiosos lingüistas de nuestro país. En él dice que:

> El juez Juan Carlos Peinado no sabe escribir bien. Desconoce los usos de las mayúsculas, de la puntuación, las concordancias, la oportunidad de los gerundios, la relación entre oraciones, el hilo narrativo. El lenguaje claro no va con él. Se hace difícil asumir que alguien que sufre esas carencias haya llegado a magistrado-juez del Juzgado de Instrucción n.º 41 de Madrid, desde el que ha encausado a un ministro y a la esposa del presidente.

Juzguen ustedes.

Caso David Sánchez Pérez-Castejón, hermano de Pedro Sánchez

Las diligencias de investigación abiertas por el Juzgado de Instrucción n.º 3 de Badajoz contra David Sánchez Pérez-Castejón y otros tienen como objeto investigar la concesión de una plaza de director del Conservatorio de Música de Badajoz, en la que se incluía la posibilidad de desarrollar actividades operísticas.

Antes de entrar en el análisis del auto de transformación en procedimiento abreviado de 28 de abril de 2025 que inexorablemente lleva a la apertura del juicio oral,

5 Grijelmo, Álex, «Juan Carlos Peinado, un juez que no escribe bien», *El País,* 5 de noviembre de 2025 <elpais.com/babelia/2025-11-05/juan-carlos-peinado-un-juez-que-no-escribe-bien.html>.

(con el consiguiente gravamen para las personas afectadas que como mínimo van a sufrir la «pena de banquillo», sin perjuicio de que quede abierta, como es lógico,
la posibilidad de la absolución) procede hacer algunas
consideraciones. En primer lugar, llama la atención que
los hechos que se van a enjuiciar sucedieron en los años
2016 y 2017 y el auto de incoación de las presentes diligencias por el Juzgado de Badajoz es de fecha 30 de mayo
de 2024, es decir, siete años después. En segundo lugar,
es inusual la desmesurada extensión del auto (71 folios).
La jurisprudencia del Tribunal Supremo recuerda cons-
tantemente «que dicho auto de transformación a procedimiento abreviado es el equivalente procesal del auto
de procesamiento en el sumario ordinario, teniendo la
finalidad exclusiva de fijar los autores de los hechos, así
como el objeto del proceso».

Hay que reconocer que la jueza de instrucción, siguiendo los mandatos legales que exigen una investigación
sin demora, la ha tramitado en menos de un año. En el
auto de incoación se acordó recabar de la Diputación
toda la documentación relativa a la contratación laboral
de David Sánchez Pérez-Castejón como coordinador de
actividades de los Conservatorios de Música del Área de
Cultura, Juventud y Bienestar Social, incluida la referente
al proceso de selección, emitiéndose informe detallado
sobre sus funciones esenciales.

En la memoria se justifica la creación de dicho puesto
en los siguientes términos:

> La realización, a lo largo del curso escolar, de diferentes ciclos
> de conciertos en los que participan los grupos instrumenta-
> les y corales del Conservatorio Superior, hace necesaria una

> tarea de coordinación y dirección de los mismos, que hasta ahora desempeñan un grupo de profesores, durante fines de semana y fuera de su horario normal. Además, para la dirección de la orquesta sinfónica y algunos otros grupos, es necesario y enriquecedor el traer a algún director invitado para que realice los ensayos generales y los dos conciertos que se suelen programar durante el curso. Por estas razones, se propone la creación de un puesto de coordinador de actividades de los Conservatorios de Música que será desempeñado mediante contrato laboral de Personal de Alta Dirección y cuyas tareas quedan reflejadas en la ficha descriptiva que acompaña a este expediente.

Dicha propuesta fue aprobada por el Pleno de la Diputación Provincial de Badajoz y por la comisión técnica de Relación de Puestos de Trabajo. Se aporta un documento relativo a la «petición de cobertura del puesto de coordinador de actividades de los Conservatorios de Música», de fecha 17 de mayo de 2017, en la que se hace referencia expresa a la «necesidad y urgencia de que sea cubierto a la mayor brevedad posible».

Se creó una comisión asesora, que determinó la valoración de los currículos y fue el personal de Cultura el que decidió la puntuación. Se presentaron 11 aspirantes, a los que se realizaron las pertinentes entrevistas de cuyo contenido se levantó acta. Cada entrevista duró entre 20 y 30 minutos. La persona que estuvo presente, pero que no intervino en las entrevistas, manifestó que no tenía conocimiento de que uno de los candidatos era hermano de Pedro Sánchez.

Finalmente, con fecha 29 de junio de 2017, se formuló la propuesta de contratación, en régimen laboral de alta dirección, a David Sánchez Pérez-Castejón, basándose en la preparación demostrada, su currículo, la defensa del proyecto, las propuestas de mejora realizadas y «sobre todo, la contestación a las preguntas que le formularon en la entrevista». En ese momento, hace siete años, quedaba abierta la posibilidad de impugnar el acuerdo por la vía de la jurisdicción contencioso-administrativa. En las bases de datos de jurisprudencia se pueden encontrar miles de sentencias pronunciadas por los tribunales de lo contencioso-administrativo al revisar el proceso de selección y exponer los motivos de una posible impugnación o ratificación del acuerdo.

Esta decisión no se recurrió por ninguna de las personas aspirantes y el cargo se ha desempeñado sin objeciones durante siete años. Las abundantísimas elucubraciones que realiza la jueza en el auto de transformación sobre si el puesto era o no necesario, las competencias que se le atribuían, las actividades que se podían realizar, la posibilidad de teletrabajar o incluso de residir fuera de Badajoz son valoraciones que no corresponden a una jueza de instrucción ni se pueden utilizar como materia incriminatoria.

Para reforzar este argumento, valga un ejemplo de relevante actualidad: un juez de la Audiencia Nacional ha decidido investigar de oficio las posibles causas del apagón eléctrico del pasado 28 de abril de 2025. En ningún caso puede saltarse los informes técnicos y decidir, con el único bagaje de sus conocimientos jurídicos o de su intuición, cuál ha sido la causa y los posibles responsables del apagón.

Volviendo al caso de David Sánchez Pérez-Castejón, en la resolución judicial se deslizan insinuaciones políticas, a mi entender, absolutamente improcedentes. Se citan las declaraciones de un diputado que firmó la propuesta para la creación del puesto y participó en su votación en el pleno. Había manifestado que conoció a Pedro Sánchez después de un mitin en Badajoz cuando intentaba recuperar la Secretaría General del PSOE. También se hace una referencia a la estrecha cooperación entre David Sánchez y una persona que ocupaba un puesto de trabajo en el Ministerio de la Presidencia en el periodo en que su hermano era presidente del Gobierno.

Entrando ya en el terreno de la calificación jurídica, coincido totalmente con la jueza en la valoración de que los delitos de tráfico de influencias y prevaricación tratan de proteger un bien jurídico constitucional (art. 9.3 y 103.1 de la Constitución) que no es otro que el correcto funcionamiento de la Administración Pública con arreglo a los principios de eficacia, imparcialidad, objetividad, sometimiento a la ley e interdicción de la arbitrariedad. El delito de tráfico de influencias exige una presión moral eficiente sobre la voluntad de quien ha de resolver para alterar el proceso motivador de aquel introduciendo en su resolución elementos ajenos a los intereses públicos, de manera que su decisión o actuación sea debida a la presión ejercida (sentencia del Tribunal Constitucional del 3 de mayo de 2012). Este ingrediente no aparece por ningún lado en el auto judicial. El delito de prevaricación administrativa, por otro lado, es un delito que solo puede cometer un funcionario público. En cuanto a los investigados, cuya intervención no consistió en dictar resoluciones decisorias, difícilmente pueden ser autores de un delito de prevaricación.

La jueza de Badajoz ha convertido un acto administrativo en un macroproceso con nueve acusaciones populares y once acusados, mientras que el Ministerio Fiscal pide la absolución. El espectáculo mediático está garantizado. Espero una sentencia absolutoria que restablezca la fortaleza y la confianza en el Estado de derecho.

En resumen, y a la vista de lo acontecido, se puede llegar a la conclusión de que si Pedro Sánchez hubiera tenido siete hermanos nos encontraríamos con un número semejante de causas judiciales.

Caso del fiscal general del Estado

Hace tiempo que afirmé rotundamente que el fiscal general del Estado no debía dimitir. Añadí también que está obligado a seguir hasta el final y el voto particular de la Sala de Apelación lo confirma. Se ha visto inmerso en un proceso judicial en el que el juez instructor ha utilizado estrategias y argumentos políticos despreciando las reglas procesales. Basta leer el inicio del auto de apertura del juicio oral en el que comienza diciendo que el fiscal general del Estado, «siguiendo las indicaciones de la Presidencia del Gobierno [...]»; es decir, se señala a un inductor de los hechos presuntamente delictivos, para después abandonar toda investigación en esta línea. Su estrategia política quedó de manifiesto cuando se acordó de manera ilegal, desproporcionada y temeraria, la entrada y registro en la Fiscalía General del Estado como si fuese una guarida de narcotraficantes.

Los que sostienen la culpabilidad del fiscal general tergiversan los hechos y los tiempos. Por ello me parece indispensable reconstruirlos. En una fecha no determinada del año 2023, el «ciudadano particular» Alberto

González Amador es requerido por la Agencia Tributaria para que comparezca en un expediente de inspección en el que se detectan dos delitos contra la Hacienda pública y una falsedad documental. En ese año, otros 26.000 ciudadanos pasaron por el mismo trance y 160 expedientes fueron remitidos a la Fiscalía y la Abogacía del Estado para su judicialización.

Siguiendo los trámites marcados por la Ley General Tributaria, la persona requerida debe comparecer acompañada de un asesor fiscal para discutir los conceptos y partidas que el inspector o inspectora estima defraudatorios. Después de un largo debate, que puede durar meses, la Agencia Tributaria concluye en el caso que nos ocupa que existen dos delitos contra la Hacienda pública y una falsedad documental. El paso siguiente es dar traslado del expediente al Ministerio Fiscal y la Abogacía del Estado para que, a la vista de su contenido y teniendo en cuenta que se trata de un delito que pudiéramos denominar «matemático», lo judicialice, dando traslado al Decanato para que lo turne al juzgado de instrucción al que por turno corresponda. En principio, aquí termina el periplo de un expediente sancionador.

Lo que voy a narrar a continuación es lo que sucede en los casos de delitos contra la Hacienda pública. El asesor fiscal tira la toalla y advierte a su cliente que debe consultar con un abogado para decidir cuáles son los pasos siguientes. En la inmensa mayoría de los casos, el abogado aconseja a su cliente que trate de llegar a una conformidad con la Fiscalía y la Abogacía del Estado. Esto es lo que hizo el abogado de González Amador en el famoso correo electrónico del 2 de febrero de 2024, dirigido a la Fiscalía Provincial de Madrid, en el que solicitó que, cuando se conociese el nombre de la persona designada para tramitar el expediente, se pusiese en contacto con él, facilitando incluso el número de su teléfono móvil.

A partir de este momento, numerosas personas de la Fiscalía Provincial de Madrid y de la Abogacía del Estado tienen conocimiento de esta petición sin que haya constancia de ninguna filtración, entre otras razones, porque nadie o muy pocos conocían la relación de González Amador con la presidenta de la Comunidad de Madrid. Hay que esperar hasta el 12 de marzo de 2024 para conocer el contenido del correo del fiscal designado, Julián Salto, en contestación a lo solicitado. En síntesis, venía a decir que ya había pasado el expediente a los juzgados pero que no había ningún inconveniente para iniciar conversaciones sobre la conformidad que pedía.

Es absolutamente falso que el fiscal general del Estado y su Secretaría Técnica conociesen, en esa fecha, la existencia de un pacto de conformidad o que tuviesen ninguna intervención en él. Se trataba de un caso de los muchos que se tramitan a diario en todas las Fiscalías de España. Existe, de hecho, un protocolo firmado en el año 2009 entre la Fiscalía General del Estado y el Consejo General de la Abogacía de España en el que se fijan las normas para llevar a cabo la conformidad. Este protocolo se complementa con una instrucción dirigida a todos los fiscales sobre las condiciones para que se pueda llegar a ella.

Es alrededor de la fecha citada (12 de marzo) cuando comienzan a surgir noticias, en diversos medios de comunicación, sobre la existencia de un procedimiento judicial por fraude fiscal contra la pareja de la presidenta de la Comunidad de Madrid. El interés periodístico solo se puede explicar porque alguien conocía y reveló que el investigado y la presidenta eran pareja. En esos momentos estaríamos ante lo que Calderón de la Barca llamó «el secreto a voces». Como es lógico, los periodistas llamados a declarar se amparan en el secreto profesional de las fuentes. Al haberse judicializado el espectro de personas que podían tener acceso al expediente, se amplía a todos los funcionarios del decanato de la plaza de Castilla y a los que integraban la plantilla del Juzgado de Instrucción n.º 19, al que correspondió la tramitación del procedimiento.

La conformidad es una institución extraprocesal en la que solo intervienen el solicitante y el fiscal. El que pide la conformidad se despoja de su derecho a no declararse culpable, pudiendo rectificar su postura en cualquier momento, incluso al comienzo del juicio oral. Hasta ese instante, el pacto no forma parte de las actuaciones judiciales.

En todo caso, los hechos, si se demostrase su comisión, nunca se pueden incardinar en el artículo 417 del Código Penal, que solo está previsto para las autoridades y funcionarios de las Administraciones Públicas. Y es evidente, léase la Constitución, que el Ministerio Fiscal no forma parte de la Administración Pública, ya que está integrado en el Título que regula el Poder Judicial y su Estatuto lo define como un órgano de relevancia constitucional.

Solamente trascendió la negociación del pacto de conformidad cuando *El Mundo,* en su edición digital de la noche del día 13 de marzo y en la de papel del 14, publicó una noticia que coincide con una información filtrada por Miguel Ángel Rodríguez, jefe de gabinete de la presidenta de la Comunidad de Madrid (y al parecer también de un «ciudadano particular»), en la que se decía que la Fiscalía había ofrecido un pacto a González Amador, cuando era este quien lo había solicitado, y se añadía que el fiscal general del Estado se había opuesto.

Como es lógico, el fiscal general reaccionó inmediatamente y puso en marcha todos los mecanismos de comunicación con la Fiscalía Provincial y la Fiscalía Superior de Madrid para redactar urgentemente una nota de ocho puntos que ponía de relieve la falsedad de lo publicado y que hizo pública sobre las 10 horas del día 14. Como se puede suponer, los intercambios de información para redactar la nota fueron numerosos, hasta el punto de que la famosa UCO considera que el fiscal general tuvo una actuación preeminente, actitud absolutamente lógica. Significativamente, el Tribunal Supremo la califica, sin embargo, de frenética. Como era de esperar se cumplieron los vaticinios del jefe de gabinete de la presidenta y nos enfrentamos a un hecho insólito en los anales de la historia judicial española: el fiscal general del Estado sentado como acusado ante el Tribunal Supremo por unos hechos que no son constitutivos de delito.

El Tribunal Superior de Justicia de Madrid amplió una querella contra la fiscal jefe de la Audiencia Provincial y el fiscal que llevaba la causa contra el «ciudadano particular» Alberto González Amador. A pesar de la claridad de los hechos, elevó una exposición razonada al Tribunal Supremo en un auto del 16 de octubre de 2024 por estimar que la nota de rectificación del bulo difundido por el jefe de gabinete de la presidenta de la Comunidad de Madrid podría ser constitutiva de un delito de revelación de secretos, cometido por el fiscal general del Estado que tiene la condición de aforado.

Se designa instructor de la causa al magistrado Ángel Hurtado y desde ese momento se suceden actuaciones tan insólitas e irregulares como la entrada y registro en la sede de la Fiscalía General del Estado. A partir de esta tropelía procesal todo indica que el desenlace estaba escrito y anunciado por las profecías del jefe de gabinete de la presidenta de la Comunidad de Madrid.

Una denominada Asociación Profesional e Independiente de Fiscales (APIF), ejercita la acción popular contra el fiscal general, recibiendo el entusiasta apoyo de Hurtado, que, demostrando su «imparcialidad y neutralidad», sostiene que actúa «en defensa de la profesionalidad y prestigio de la institución», censurando implícitamente la inactividad de las otras dos asociaciones. La APIF, demostrando su especial sentido de la proporcionalidad, solicita una pena de seis años de prisión y además plantea la extravagante petición de suspensión de funciones al fiscal general. ¡Que no falte de nada!

Pero, como hemos dicho, Hurtado no está solo y decide consultar la toma de decisión con todas las acusaciones populares. El pronunciamiento le corresponde exclusivamente al juez, que, como conocedor de la ley, debe saber la inviabilidad de la pretensión. Un juez no puede ignorar que el fiscal general no forma parte de la carrera fiscal. Han desempeñado este cargo abogados como José María Gil Albert –nombrado por la UCD– y magistrados como Luis Burón o Cándido Conde Pumpido. Si el nombramiento recae en una persona perteneciente a la carrera fiscal, pasa automáticamente a servicios especiales y en ningún caso se alteran las previsiones del artículo 31 del Estatuto sobre su dimisión o cese.

La Junta de Gobierno del Ilustre Colegio de Abogados de Madrid decide, insólitamente, unirse a la cohorte de acusadores populares. Sostiene, sin sonrojo, que la publicidad de una conformidad perjudica el derecho de defensa del «ciudadano particular» a pesar de haberlo solicitado su abogado. Es más, el director de orquesta, conocido en el mundo político como MAR (Miguel Ángel Rodríguez), acusa al letrado de haber actuado sin el consentimiento de su cliente. La imputación es gravísima, pero la Junta de Gobierno permanece impasible y no abre ningún expediente por infracción de los principios más elementales de la deontología profesional.

El resto de los asociados en torno a la acción popular era el esperado. No podía faltar el «prestigioso gabinete jurídico» del sindicato de funcionarios Manos Limpias, al que se suman, como viene siendo habitual, la Fundación Foro Libertad y Alternativa –la cual, si miramos sus fines, tienen como objetivo luchar contra los que tratan de transformar «nuestra nación en una sociedad colectivizada, totalitaria, fragmentada y en la que la libertad, la igualdad y la solidaridad dejen de ser los ejes rectores de nuestra convivencia»–, Hazte Oír (que se ha registrado como un *lobby* ante la Unión Europea) y el partido político Vox. Me extraña la ausencia de Abogados Cristianos, ya que, al fin y al cabo, se trata de un secreto semejante al de confesión.

Hay que reconocer que, por lo menos en cuanto a la petición de pena de prisión, (cuatro años) han sido más moderados. Los escritos de acusación carecen de sustento probatorio e ignoran principios tan elementales del derecho procesal penal como los que señala el magistrado Andrés Palomo en su voto particular, oponiéndose a la apertura del juicio oral. Recuerda que solo procede si «está justificada de forma suficiente» la perpetración del delito. La fase preliminar de investigación en el proceso penal sirve no solo para preparar el juicio oral, sino también para evitar la apertura de juicios innecesarios.

Todo se desencadena porque el jefe de gabinete de la presidenta de la Comunidad de Madrid tergiversó la realidad y divulgó que fue la Fiscalía la que ofreció una conformidad y que el fiscal general se opuso por órdenes de arriba. Esta falsa información justifica plenamente la petición de información por parte del fiscal general del Estado. No resulta posible, con el acervo indiciario acumulado, atribuir de una manera mínimamente justificada la filtración del correo del día 2 de febrero de 2024.

Michele Taruffo, en su emblemático libro *La prueba de los hechos,* profundiza en esta cuestión. En una conferencia en la Universidad de Pamplona criticó la postura del Tribunal Supremo español, que admite lo que denomina «intuición irracional» como base y fundamento de una sentencia. Nos encontraríamos ante una decisión arbitraria. Si el juez decide en función de su intuición subjetiva, ningún control es posible y, en su opinión, se produce una consecuencia institucional muy grave. Una decisión de este tipo no se puede motivar racionalmente. Las constituciones modernas, como la nuestra, asientan la legitimidad de juzgar sobre la obligación de la motivación de las sentencias (art. 120).

Además, no nos olvidemos de un elemento esencial del delito: el móvil que impulsa al sujeto activo a realizar la conducta criminal para lograr un resultado dañoso determinado. Es evidente que, si la intención del fiscal general del Estado hubiera sido la de perjudicar políticamente a la presidenta de la Comunidad de Madrid y al mismo tiempo proporcionar al Gobierno y a la oposición en la Asamblea argumentos para la confrontación política, podría haber actuado desde el día 2 de febrero de 2024, cuando se recibió en la Fiscalía Provincial de Madrid el correo electrónico del abogado de Alberto González Amador solicitando la conformidad. El fiscal general del Estado y su Secretaría Técnica nunca tienen conocimiento de las conformidades que se tramitan en las diversas Fiscalías provinciales. La única explicación real de lo sucedido no es otra que la reacción al bulo difundido por el jefe de gabinete de la presidenta cuando se conoció en la noche del 13 de marzo.

El juicio acababa de comenzar cuando empecé a redactar este capítulo. Si había alguna duda sobre la inexistente participación del fiscal general del Estado en hecho delictivo alguno, ha quedado despejada con las declaraciones de Miguel Ángel Rodríguez, jefe de gabinete de la pareja del acusador particular, la de su protegido y la del periodista del diario *El Mundo* que publicó la noticia del bulo. Construir una sentencia condenatoria sobre esta base probatoria es incompatible con el respeto a las reglas y garantías procesales propias de un Estado de derecho.

En definitiva, lo que resulta evidente es que durante cuatro años (2020 a 2024, Cátedra de Begoña Gómez) y por espacio de más de siete años (2017 a 2024, adjudicación de la plaza del Conservatorio al hermano del Presidente) nadie había detectado que esas decisiones podían encubrir actividades delictivas. No hace falta ser un genio para concluir que los procesos judiciales se inician con posterioridad a las elecciones del 23 de julio de 2023, cuando se vislumbra la imposibilidad de que el PP de Núñez Feijóo llegue a alcanzar la Presidencia del Gobierno. Consumada la investidura de Pedro Sánchez a finales de año, en abril de 2024, comienza la cacería judicial, contando con la benevolencia de algunos jueces que, a pesar de que son conscientes de que se trata de asuntos con un alto contenido político, carecen de cualquier soporte delictivo. En el caso del Juez Peinado, se está prolongando el proceso de forma interminable y contraria a la ley. En el caso de la jueza de Badajoz, ya tenemos las fechas de la celebración del juicio para el mes de febrero de 2026. Faltaba cazar la pieza del fiscal general del Estado y por elevación de la Presidencia del Gobierno. El juicio se ha celebrado y la condena se ha anticipado de forma inusual.

Nadie esperaba que la sentencia fuese condenatoria. Hasta el momento no he leído ningún artículo de juristas que salgan en defensa de una resolución judicial que carece de los más mínimos fundamentos de hecho y de derecho. Su construcción comienza por el tejado, pero su carencia de muros y cimientos hará que se derrumbe definitivamente cuando llegue al Tribunal Constitucional. Conozco y he deliberado con los cuatro magistrados que han conformado la mayoría y creo que puedo aventurar cuál ha sido el procedimiento seguido para redactarla. Comienza por la deliberación que, según la naturaleza del caso, puede ser más o menos duradera. Cuando se llega a un texto consensuado o mayoritario se trasponen los acuerdos a un texto o borrador, sometido todavía a posibles matices o correcciones. En este caso ha habido dos votos disidentes que rebaten las tesis mayoritarias.

Creo que la secuencia de los acontecimientos me permite desentrañar los pasos que se han dado para llegar al texto definitivo. Un magistrado con personalidad y talento para influenciar a sus colegas se ha anticipado al curso normal de los acontecimientos y ha propuesto, como punto de partida, someter la condena o absolución a una votación anterior sin deliberación previa. Conseguida la mayoría condenatoria se anticipa el fallo que impide cualquier reflexión o reconsideración a la vista de los principios rectores de una sentencia penal.

Se condena al fiscal general del Estado como autor de un delito de revelación de datos reservados, con unos hechos probados y unos fundamentos jurídicos que causan rubor e indignación y son impropias de un tribunal de justicia. Adolece de una serie de patologías constitucionales y legales que motivarían un merecido suspenso en cualquier centro académico.

Ignoran en qué consiste la conformidad en el proceso penal, como he dicho anteriormente, es una libre manifestación de voluntad por la que una persona se despoja de su derecho a la presunción de inocencia, a no declarar contra sí mismo ni a confesarse culpable, reconociendo la comisión de uno o varios hechos delictivos. La solicitud la puede formular el abogado por cualquier medio: un correo electrónico, un contacto telefónico, una visita a la Fiscalía o incluso en una comida amistosa, si el abogado y el fiscal así lo deciden. Si se acepta la propuesta, habrá que formalizarla por escrito de conformidad con las previsiones legales. El correo electrónico de 2 de febrero de 2024 enviado por el abogado de González Amador a la Sección de Delitos Económicos de la Audiencia Provincial de Madrid contiene una confesión («Ciertamente se han cometido dos delitos contra la Hacienda Pública»), así como la promesa de proceder a resarcir el daño causado pagando íntegramente la cuota e intereses de demora a la Agencia Estatal de Administración Tributaria. Que yo sepa, ni doctrinal ni jurisprudencialmente, nadie ha sostenido que esta iniciativa tenga el carácter de un «dato reservado».

Es difícil encontrar una sentencia que vulnere, de una sola tacada, tal cantidad de derechos y garantías fundamentales. Cualquier sentencia dictada por un juez que no reúne las exigencias legales es nula de pleno derecho. El derecho al juez ordinario predeterminado por la ley se ha conculcado al haber concurrido a dictar sentencia cinco magistrados que habían decidido admitir a trámite la imputación de una conducta delictiva al fiscal general del Estado, la habían precalificado y decidido nombrar a un magistrado instructor, algunas de cuyas decisiones fueron corregidas o matizadas. Habían perdido su imparcialidad objetiva al haber adoptado un juicio previo, en fase de instrucción, sobre su culpabilidad (art. 219.11 de la Ley Orgánica del Poder Judicial).

Por si no fuera suficiente se vulnera, en dos ocasiones, el principio de legalidad. En primer lugar, se le ha condenado como autor de un delito de revelación de «datos reservados» del artículo 417. 1 del Código Penal, en el que no se recoge tal modalidad delictiva. Se trata de un delito que protege el recto y normal funcionamiento de los organismos que integran las Administraciones Públicas (Central, Autonómica y Municipal). Estos delitos solo los pueden cometer las autoridades o funcionarios que pertenecen a cualquiera de estos organismos. Es evidente que ni el fiscal general del Estado ni los miembros del Ministerio Fiscal forman parte de la Administración Púbica. Se trata de una institución con autonomía funcional, integrada en el título dedicado el Poder Judicial. Según su Estatuto, es un órgano de «relevancia constitucional».

Luego no pueden cometer el delito que se atribuye al fiscal general.

Se constata otra vulneración del principio de legalidad cuando en el fallo se condena al fiscal general a indemnizar con la cantidad de 10.000 euros por daños morales. Si se trata de un delito cometido por autoridad o funcionario público en el ejercicio de sus funciones, como sostiene la sentencia, la indemnización se rige taxativamente por la Ley 40/2015, de 1 de octubre, de Régimen Jurídico del Sector Público, junto con la Ley 39/2015 (Procedimiento Administrativo Común), estableciendo que los ciudadanos tienen derecho a ser indemnizados por daños sufridos por el funcionamiento normal o anormal de los servicios públicos, siempre que sean lesiones efectivas, evaluables económicamente e individualizadas. Ambas leyes establecen la responsabilidad directa y exclusiva de la Administración pública que puede opcionalmente repercutir contra el funcionario. En ningún caso permite que el perjudicado seleccione a quien le reclama la indemnización. Otra causa de anulación de la sentencia en lo que se refiere a la responsabilidad civil.

El principio acusatorio es una garantía que se recoge en nuestra Constitución y en todos los textos internacionales que protegen los derechos fundamentales. Toda persona acusada de un hecho delictivo debe saber con claridad y precisión cuáles son los hechos que se le imputan. La Sala del Tribunal Supremo que admite, tramita y finalmente condena descartó que la nota informativa de la Fiscalía tuviese carácter delictivo. Así lo entendieron las acusaciones que formularon sus imputaciones basándose en la «filtración» del contenido del correo electrónico del peticionario de la conformidad. No se puede condenar, sin vulnerar el derecho de defensa, por un hecho cuya naturaleza delictiva se había descartado.

La vulneración del principio de presunción de inocencia es una de las patologías más graves de las que adolece la sentencia. Resulta difícil digerir que magistrados del más alto Tribunal hayan condenado sin precisar, de forma clara y terminante, quién es el autor del hecho delictivo. El contenido de la página 18 de la sentencia es suficiente para declarar su nulidad. La sentencia omite, no sabemos si deliberadamente o por descuido negligente, que el mensaje difundido por el jefe de Gabinete de la Presidencia de la Comunidad de Madrid afirmaba que la Fiscalía había retirado el pacto de conformidad «por órdenes de arriba», elemento crucial para explicar y justificar la reacción del fiscal general. La «frenética» actividad del fiscal general estaba justificada por la necesidad de que la nota con el desmentido saliese a primera hora del siguiente día para demostrar la información falaz de la conformidad y la gravísima imputación de un delito de prevaricación al fiscal general del Estado.

Sin embargo, el Tribunal no duda en declarar que: «El correo electrónico de 2 de febrero fue comunicado desde la Fiscalía General del Estado, con intervención directa, o a través de un tercero, pero con pleno conocimiento y aceptación por parte del Sr. García Ortiz, al periodista de la Cadena SER, D. Miguel Ángel Campos, que lo difundió como un avance informativo a las 23:25 horas». Obsérvese que, según la sentencia, a las 21:29 horas del 13 de marzo, el diario *El Mundo* publicó una noticia, informando de que el día anterior el Ministerio Fiscal había ofrecido un pacto de conformidad al Sr. González Amador, pareja de la presidenta de la Comunidad de Madrid. Como advierte el lingüista Álex Grijelmo: «Aparecen verbos de posibilidad o potencialidad aplicados a hechos probados, y se hacen afirmaciones determinantes que corresponden a deducciones dudosas». La coletilla final del hecho probado pone al descubierto su descarada tendenciosidad política. ¿A qué viene este párrafo?: «Tras la difusión del correo electrónico y la publicación de la nota, diversos medios de comunicación y miembros del Gobierno calificaron al Sr. González Amador como "delincuente confeso"».

Ha sido muy comentada la indeterminación de la persona que realizó la «filtración», es decir, quien hizo público que el abogado del ciudadano particular había solicitado un acuerdo amistoso con el fiscal para atenuar la pena. No se sabe si fue el fiscal general u otra persona con su conocimiento o aceptación la que «filtró» el correo del delincuente confeso, que no condenado, al periodista de la Cadena SER. En una sentencia penal los hechos probados son esenciales y deben ser claros, precisos y terminantes. No caben las meras sospechas o alternativas inciertas. La probabilidad de un hecho no es suficiente para condenar. Según el hecho probado no han existido ni órdenes, ni coacciones o inducciones para que otro realizara la filtración. Luego queda la duda de quién ha sido el autor del hecho. Si la sentencia hubiera permitido recurrirla en casación (al haberla dictado el Tribunal Supremo, no es posible), nos encontraríamos ante un caso claro de anulación al amparo del artículo 851 de la Ley de Enjuiciamiento Criminal, por no haber expresado clara y terminantemente cuáles son los hechos que se consideran probados.

La parcialidad del texto de la sentencia se pone de relieve al dedicar una amplia justificación a la entrada y registro en la sede de la Fiscalía General del Estado. Esta gravísima decisión, sin duda provoca la nulidad e incluso la responsabilidad disciplinaria del juez que la acordó. Los Magistrados del Tribunal Supremo que avalan la condena no hacen comentario alguno sobre el impacto político institucional que supone la desproporcionada medida. La diligencia es nula e inútil porque no ha aportado ningún elemento probatorio. Resulta escandaloso que se trate de justificar invocando como apoyo una sentencia en la que la Fiscalía Especial Antidroga solicitaba de la Audiencia Nacional todos los datos de una red de comunicaciones utilizada por grupos criminales para planificar actividades delictivas.

La radiografía detecta metástasis generalizadas en el cuerpo de la sentencia. Su contenido culmina una ruptura del Estado de derecho que ya estaba amenazado y deteriorado por la actitud beligerante de un sector importante de la judicatura que se había alzado en togas callejeras contra una ley, como la amnistía, que era la expresión mayoritaria de la voluntad soberana encarnada en el Parlamento. Es vital para la estabilidad democrática que la justicia retorne a las sedes de los Tribunales, de donde nunca debió salir. Siempre acudo a una cita del dramaturgo italiano Ugo Betti en su obra *Corrupción en el Palacio de Justicia:* «Cuando la política penetra en el Palacio de Justicia, la justicia salta despavorida por la ventana». Espero y deseo que el Tribunal Constitucional elimine de las bases de jurisprudencia esta excrecencia jurídica.

Epílogo. La justicia en tiempos de crisis

Los ciudadanos necesitan tener confianza en la justicia, puesto que la esencia de la democracia consiste en el sometimiento de las instituciones al control social y en la transparencia de las actuaciones de los poderes públicos. La observación y vigilancia de la sociedad y el examen de los organismos auditores sobre la diafanidad de su funcionamiento, así como la racionalidad de sus resoluciones mantienen el equilibrio necesario para el sostenimiento de los valores democráticos (libertad, justicia, igualdad y pluralismo político) como puntales del orden jurídico y la paz social.

Como nos recuerda lord Sumption en su artículo *Activism and Restraint within the UK Supreme Court:* «Si la judicatura reivindica el poder de otorgar efecto legal a sus opiniones y valores, ¿qué es eso sino la reclamación del poder político sin responsabilidad política?»[6]. Por eso es

---

6 Traducción propia.

claro que no son los tribunales los lugares donde han de resolverse cuestiones que son, en realidad, políticas. La percepción de los ciudadanos sobre la imparcialidad de las personas encargadas de administrar justicia es cada vez más negativa. Estamos muy lejos de vivir y reproducir la idílica confianza que mostraba el molinero de Potsdam ante el atropello de la soberana decisión del Káiser ordenando la demolición de su molino porque dificultaba sus correrías cinegéticas. Como ya vimos, el molinero le salió al paso y le recriminó su conducta y ante una contestación despectiva le recordó que todavía había jueces en Berlín que repararían su derecho. Algunos sostienen que se trata de una leyenda, pero refleja, sin duda, el ideal que debemos alcanzar si queremos mantener la calidad democrática de un país.

La historia de la humanidad nos enseña que se han vivido continuos periodos de crisis con algún intervalo de bonanza. En principio la justicia debería permanecer al margen de las turbulencias y ser el último refugio en el que pudieran guarecerse los afectados por los desequilibrios del sistema. No es bueno que los ciudadanos que acuden a la justicia tengan la sensación de que no están protegidos e incluso lo acepten resignadamente. Jorge Luis Borges (que por razones políticas nunca ganó el Premio Nobel de Literatura), era además licenciado en derecho. En un poema titulado «Evangelio apócrifo», incluido en su obra *El elogio de la sombra* nos advierte sobre la incertidumbre de los que acuden a los tribunales en busca de justicia. Reproduzco el pasaje: «Bienaventurados los que no tienen hambre de justicia, porque saben que nuestra suerte, adversa o piadosa, es obra del azar que es inescrutable». La situación se vuelve dramática cuando no es el azar sino el sectarismo y la militancia política los que inclinan la balanza de la justicia.

Los derroteros del capitalismo eran previsibles pero algunos no esperábamos vivirlos con tanta intensidad. Los que dominan el mundo ya no son los políticos sino personajes con nombre y apellidos como Elon Musk, Jeff Bezos, Mark Zuckerberg y otros que han decidido irrumpir en la vida política sin intermediarios. Han encontrado en Donald Trump el personaje ideal que reúne la doble condición de millonario y de político autoritario y desalmado. Como nos recuerda Fernando Prats, arquitecto y humanista en un reciente artículo en *CTXT*:

> El respeto a los derechos humanos ha dejado de ser un principio rector del gobierno federal. En la era Trump, más allá del desmontaje sistemático de los derechos de género, diversidad, equidad o inclusión, se promueven iniciativas orientadas a la criminalización, persecución y deportación masiva de millones de inmigrantes en situación irregular, sin garantías jurídicas adecuadas y mediante procedimientos crueles y deshumanizantes.[7]

Algunos jueces, verdaderamente heroicos, tratan de contener esta ola autoritaria, represiva y discriminatoria, pero se encuentran con la reacción del Tribunal Supremo que ha abdicado de su misión de salvaguardar los derechos civiles para convertirse en el perro guardián

---

7 Prats, Fernando, «Trumpismo: el proyecto distópico del capitalismo extremo en EE UU» *CTXT*, 7 de noviembre de 2025 <ctxt.es/es/20251101/Firmas/50869/fernando-prats-trumpismo-proyecto-distopia-capitalismo-extremo-eeuu-ruptura.htm>.

248 Visto para sentencia

de las políticas supremacistas. Como ejemplo entre otros muchos, señalo que la orden que exigía transferir 4.000 millones de dólares para garantizar los pagos de asistencia alimentaria a 40 millones de personas emitida por un tribunal de Rhode Island ha sido paralizada por el Tribunal Supremo.

Si Alexis de Tocqueville, cuando escribió su emblemática obra *La democracia en América* levantase la cabeza, volvería a la tumba horrorizado ante la pavorosa realidad que ofrece la sociedad estadounidense. Se considera que el asalto al Congreso de una turba encabezada por un animal cornudo es un acto de patriotismo y solo falta que sus protagonistas reciban las más altas condecoraciones. Se persigue a los jueces y juezas que intentan mantener el Estado de derecho y a cara descubierta, sin tapujos ni métodos de la guerra sucia, se asesina a tripulantes de embarcaciones que se consideran, sin más razonamientos y justificaciones, como narcolanchas, aun cuando existe la posibilidad de interceptarlas y detener a sus ocupantes.

Cuando el pesimismo nos invadía ha surgido un resquicio para la esperanza. Zohran Mandani ha sido elegido alcalde de Nueva York y ha pronunciado un discurso que es toda una oda a la esperanza. «Si alguien puede mostrar a una nación traicionada por Trump cómo derrotarlo, es la ciudad que lo vio nacer». Gracias, amigos míos. Puede que el sol se haya puesto sobre nuestra ciudad esta tarde, pero como dijo una vez Eugene Debs: «Puedo ver el amanecer de un día mejor para la humanidad». Espero que los jueces del Tribunal Supremo no trunquen esta maravillosa aventura como hicieron, a principios del siglo pasado, con la revolucionaria política del *new deal* que había puesto en marcha Franklin D. Roosevelt.

Durante casi 50 años he desempeñado mis funciones primero como fiscal y desde 1989 hasta mi jubilación en 2011 como magistrado de la Sala Segunda del Tribunal Supremo. Mi tiempo en la Fiscalía me permitió asistir a más de 3.000 juicios. Ninguna otra actividad te permite tener una percepción directa de la sociedad en la que vives. Las teorías jurídicas adquiridas en la academia se encarnaban en los personajes de carne y hueso que se sentaban en el banquillo por hechos que se consideraban delictivos. Detrás de cada uno de ellos estaba una vida, favorable o adversa, que había condicionado su conducta. Como dice Leonardo Pitlevnik en su obra *Borges y el Derecho:*

> El derecho se basa en cierta idea de justicia. En nuestra vida en comunidad intentamos que un castigo sea merecido, que un premio sea adjudicado, a quien, según ciertas reglas, le corresponde por haber cumplido con determinado recorrido y que el principio "a cada cual lo suyo", se inspire en criterios equitativos de distribución.

Una última sugerencia a mis colegas. Si alguna vez tenéis la tentación de convertiros en legisladores, no arrastréis las togas por el barro de la calle. Colgadlas y dedicaos, sin disfraz alguno, a la confrontación política.

Me hubiera gustado que los juicios en los que he participado estuviesen grabados (en aquellas épocas no era posible) aunque, sin embargo, mis sentencias están en las bases de datos de jurisprudencia, sometidas al escrutinio público. He recibido numerosos elogios y no han faltado tampoco las críticas. El balance les corresponde a ustedes. Tengo muchos años, pero uno solo se siente viejo

–como ha dicho mi admirado Eduardo Mendoza en la recepción del premio Princesa de Asturias– cuando pierde la vanidad y la capacidad de indignarse.

Lecturas recomendadas

Beltrán de Felipe, Miguel y González García, Julio V., *Las sentencias básicas del Tribunal Supremo de los Estados Unidos de América*

Betti, Ugo, *Corrupción en el Palacio de Justicia*

Bossuet, Jacques-Bénigne, *La política inspirada en las Sagradas Escrituras*

Ferrajoli, Luigi, *El garantismo y la filosofía del derecho*

Friedman, Lawrence M., *A History of American Law*

Irons, Peter H., *The New Deal Lawyers*

Kelsen, Hans, *La paz por medio del derecho* y «¿Qué es la justicia?»

Lambert, Edouard, *El gobierno de los jueces*

Montesquieu, *El espíritu de las leyes*

Nieto, Alejandro, *El desgobierno judicial*

Oromi Vall-Llovera, Susana, *El ejercicio de la acción popular*

Pitlevnik, Leonardo G., *Borges y el derecho*

Ruiz Jarabo, Dámaso, *El juez nacional como juez comunitario*

Sumption, Jonathan, *Activism and Restraint within the UK Supreme Court* (artículo)

Taruffo, Michele, *La prueba de los hechos*

Tocqueville, Alexis de, *La democracia en América*